「長篠・設楽原の戦い」
鉄炮玉の謎を解く

小和田哲男 監修
宇田川武久
小林芳春 編著

弾正山台地（徳川軍・織田軍布陣）

黎明書房

設楽原の出土玉

・玉の長径(見かけ)の 2.25 倍拡大写真(±0.04)
・○数字は出土 No.

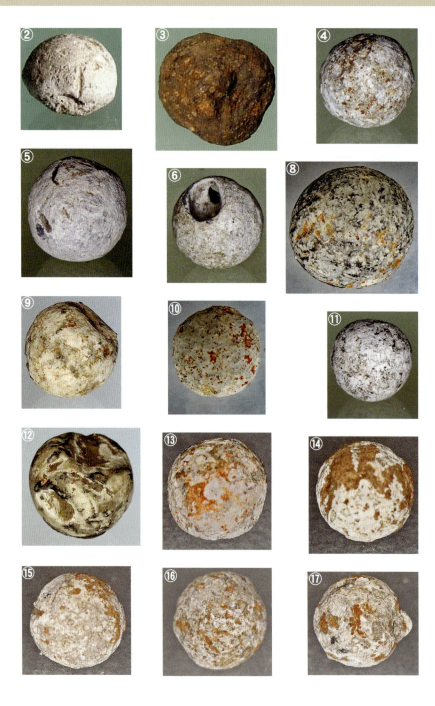

長篠城址の出土玉

- 玉の長径（見かけ）の1.70倍拡大写真（±0.04）
- ○数字は出土No.

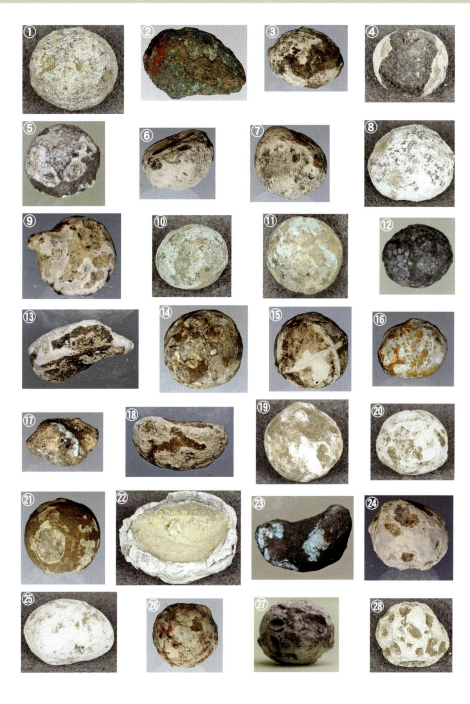

長篠城址の出土玉

前頁続きの2個。写真の玉の長径は原寸の1.70倍である。
・〇数字は出土 No.

火打ち道具と火縄
（豊川・林利一氏蔵）

1：火縄（竹）
2：火縄（檜）
3：火縄（木綿）
4：火口＝植物繊維に炭を混ぜたもの
5：火打ち石（石英）
6：打ち金（鉄）
7：付け木

信長朱印状
（津具・渡辺俊也氏蔵）

信州金鑿事早可被還住不可有非分課役等並誰々雖為知行分山河金可鑿之旨金鑿中可令存知者也
天正十年三月
天下布武朱印

天正10年3月11日、日川渓谷の田野で武田勝頼が倒れるとすぐ、その3月に信長は三河の津具金山（三信国境）の金掘衆にこの朱印状を出している。…鉱山争奪を語る書状

序

　「長篠・設楽原の戦い」といえば，中学・高校の歴史の教科書にも「長篠の戦い」として掲載され，織田信長の戦術革命としてあまりにも有名である。少し前までは鉄炮3000挺を1000挺ずつ3段にして武田騎馬隊を撃ち破ったという描かれ方がされてきたが，近年，3段撃ちについての見方が変わってきていることは周知の通りである。

　たとえば，織田・徳川方の鉄炮の数についても，3000挺だったのか1000挺だったのかが議論になっており，一斉射撃ではなく，3人一組で間断なく玉を発射したのではないかといわれている。しかし，いずれにせよ，合戦の場で，どちらかといえば威し鉄炮のような形でしか使用されてこなかったものが，「長篠・設楽原の戦い」を契機に，主要兵器として認識されたことはたしかである。

　そうしたこともあり，これまでにも，「長篠・設楽原の戦い」を研究対象とした論文・著書は数多く見られ，戦いの実際の様子についてはかなりなまで明らかにされてきたといってよい。「長篠・設楽原の戦い」について研究が進んだいま，私たちが本書を世に送る必然性というか，意義は二つあると考えている。

　一つは，設楽原をまもる会が，長篠・設楽原鉄砲隊と愛知県古銃研究会の演武を記録にとり，その記録をもとに実際の戦いの場面を検証した点である。そして二つ目は，これまで発見された出土玉について分析をした点である。たしかに，これまでにも出土玉について，『銃砲史研究』や『あい砲』さらには『設楽原紀要』などに報告されてきた。しかし，それぞれ単発的なデータの報告で，まとまった研究とはなっていなかったうらみがある。本書で，

これまでの成果をまとめたいと考えたわけである。

　現在までのところ，設楽原の古戦場付近からは17個の出土玉が見つかっている。鉄炮3000挺とか1000挺という数からすれば少ないとの印象があるが，440年以上の年月がたっているので仕方ない面もある。その17個の出方を見ると，連吾川に沿って大半の玉が出土していることがわかる。つまり，連吾川付近で鉄炮が数多く使用されたと考えられるわけで，「長篠合戦図屏風」や各種文献の記述とも一致し，両軍の衝突ラインが主として連吾川だったことがうかがわれる。

　ちなみに，本書では，出土玉の状態についても分析し，それが実際に発射された玉なのか，連合軍側のこぼれ玉だったのかについても考察を加えている。その意味で，玉数はわずかではあるが，その出土位置は，屏風絵や文献には描かれてこなかった当時の戦いの様子を語る生き証人といってよい。

　なお，発見された鉄炮玉は，発見者の名前がついており，その一つひとつについて発見時の様子，形状，場所，さらには重量などについてデータがつけられている。注目されるのは，発見者の年齢・性別がまちまちだという点である。たとえば，後藤玉は，当時小学校1年生の後藤静香さんの発見で，また，高橋玉も当時小学校6年生の高橋梓さんの発見である。梓さんの場合，山梨県から設楽原歴史資料館の見学にきて，資料館の学芸員から「火縄銃の玉は鉛が錆びて白い」という話を聞き，そのあと，友だちと資料館の裏（山境）で鉄炮玉を見つけたという。こうした発見はこれからも期待されるわけで，現在の17個は将来的にもっとふえることは十分ありうるものと思われる。

　さらに本書では，長篠城址出土の30個の鉄炮玉についても考察を加えている。設楽原周辺出土の玉と同じように，発見時の様子，形状，場所，重量などがデータ化されていて，長篠城周辺と設楽原周辺の出土玉の様子を比較することができる。

　ところで，今回の研究で，私自身一番びっくりしたのは，鉛の産出国がまちまちだったことである。当然のように鉛はすべて国産だとばっかり思って

いたところ，中国産やタイ産のものがあることがわかった。中国の華南，タイのソントー鉱山といった産地や鉱山まで特定されており，これは，戦国時代の南蛮貿易を見ていく上でも注目されるところである。豊後の戦国大名大友氏の府内の大友氏居館から出土した鉛玉の30％がタイのソントー鉱山産だったという。

　堺を押さえた信長が，中国産・タイ産の鉛を手にし，それを鉄炮玉として使っていたことが明らかになったわけで，鉄炮そのものの製造だけでなく，鉄炮玉の点でも信長は武田方より有利だったことがうかがわれる。

　もちろん，武田方も鉄炮を所持していたわけなので，出土玉が織田・徳川方の鉄炮から発射されたものなのか，武田方の鉄炮から発射されたものなのかは，今後，出土地点や出土の様子などから精査していかなければならないが，興味あることといってよい。

　いずれにせよ，本書は，これまでの「長篠・設楽原の戦い」研究の空白をうめるものといってよいのではないかと考えている。監修の言葉に代えて序文とする次第である。

　　　　　　　　　　　　　　　　　　　　　　　　小和田哲男

目　次

序　小和田哲男 ——————————————— 1

序　章　鉄炮の戦い "長篠・設楽原" の展開 ——————— 7

第一章　戦いの舞台に立つ ————————————— 17

　　1　長篠城　18

　　⑴　武田軍の包囲　18　　　⑵　長篠城の鉄炮　21

　　2　鳶ヶ巣山砦　25

　　3　設楽原　29

　　⑴　連吾川の選択　29　　　⑵　馬防柵の位置と弾正山　32

　　⑶　当時も水田地帯　41　　　⑷　決戦の古戦場の呼称　48

研究の視点Ⅰ

戦国時代の多種多様な鉄炮玉の世界　宇田川武久 ————— 69

　　1　「二つ玉」の存在　70

　　2　紙包の「二つ玉」と「切玉」の存在　73

　　3　戦国武将の砲術修行にみえる玉　81

　　4　現存最古の『玉こしらへの事』の秘伝　89

　　5　狩猟社会を変貌させた鉄炮　96

研究の視点Ⅱ

戦国時代の鉄炮玉の鉛同位体比測定　平尾良光・渡邊緩子　105

　　1　産地の推定法　106

　　2　戦国期の鉛　111

目　次

第二章　姿を現した戦国の鉄炮玉 ——————— 123

1　連吾川周辺で17個の玉　124
(1)　白い玉の出土　124

(2)　玉のみつけにくさ　128

2　古戦場出土玉の個別データ　133
(1)　設楽原の出土17個　133

・設楽原玉の一覧，玉の個別情報

(2)　長篠城址の出土30個　148

・長篠城玉の一覧，玉の個別情報

3　玉が語る戦いの姿　164
(1)　決戦の舞台は設楽原　164

(2)　玉から推定した決戦の鉄炮　166

(3)　玉の変形が語るもの（設楽原の場合）　169

第三章　決戦は〝鉄炮を以て散々に〟の戦い ——————— 177

1　文献の記す設楽原の鉄炮　178
(1)　鳶ヶ巣山攻めの鉄炮　178

(2)　設楽原決戦での鉄炮　179

(3)　鉄炮の下知から使用へ　183

2　〝鉄炮を以て散々に〟の検証　189
(1)　連吾川と鉄炮使用　189

(2)　〝鉄炮を以て散々に〟の想定と検証　190

・想定の検証1：個別連続打ち

・想定の検証2：一斉の連続打ち

終　章　三河の「鉛山」に家康文書 ——————— 209

あとがき　214

5

コラム：古戦場の風景

古戦場①　天正３年５月21日は新暦で何日？　15

古戦場②　４百余年，長篠城の今は！　16

古戦場③　地名と人名の『長篠日記』　24

古戦場④　馬防柵再現で思ったこと！　28

古戦場⑤　"設楽原"顕彰の「牧野文斎」　40

古戦場⑥　連吾川で倒れた馬に　67

戦国武人①　野田城の笛"武田信玄"　68

戦国武人②　「長篠・菅沼氏」の二人の人生　104

戦国武人③　二つの塚が語る…戦国人の絆　122

戦国武人④　真田一族，最後の奮戦地！　132

戦国武人⑤　三遠境目の井伊谷と直虎　147

戦国武人⑥　消えた仙丸の「明日」― 戦国の決断と代償　163

鉄　炮①　玉を込めるとき！　175

鉄　炮②　鉄炮の火薬　176

鉄　炮③　鉄炮の不発　188

鉄　炮④　火縄銃の火縄　208

凡　例：本書における用字・用語，表記については次の点に留意した。

1　「鉄砲・火縄銃」は「鉄炮」を，「たま・弾丸」は「玉」を，「撃つ」は「打つ」を使用。

2　古戦場関係の地名には，初出時にルビをつけた。地名の表記はできるだけ当時の表記に努めた。　例：雁峯山→かんぼう山，断上山→弾正山

3　数字は算用数字を基本にしたが，「２百年・３万人・１万５千」等も使用した。引用の場合は原文のまま。年月は，旧暦で西暦年を付した。

4　引用・参考の文献は序章にあげたが，他はその都度簡単な説明を付けた。
　　・信長関係で，牛一本を『信長公記』，甫庵本を『信長記』と表記した。

5　文中の補足説明は，各項末尾の「注」と文中の「※」によった。

序 章
鉄炮の戦い "長篠（ながしの）・設楽原（したらがはら）" の展開

1 戦国の発火点

"したら" の名が，『甲陽軍鑑：品14』に武田領国周辺の武力衝突危険地帯の一つとして登場する。

> 分国境目　三河にては設楽郡，美濃にては土岐遠山，遠州にてふたまた，相模にてはしんぢやう，上野にて（石倉）鷹巣，越中にて神保・椎名，飛騨・信州にては越後の境目，各へ用心きびしく仕れとある書状を指越，事を全仕置し給ふ。

武田にとって紛争の発火点・危険地帯第一にあげられた設楽郡（したら）は，地元の土豪たちにとっても「地理的には松平*」だが「脅威にまさる武田」というジレンマをかかえる地域であった。そこから逃れるすべのない彼らは，常に優柔な対応をとるより他に道はなかった。 ＊松平家康の徳川改姓は永禄9年。

永禄3年（1560）今川義元が桶狭間に倒れると，今川の衰退と共に始まった家康の東進と信玄の南進の二つの波のせめぎあいの中に，設楽郡の山家三方衆（やまがさん）（作手の奥平，田峰（だみね）の菅沼，長篠の菅沼）も野田方三人衆（のだがたさんにんしゅう）（野田の菅沼，設楽の設楽，西郷（さいごう）の西郷）も巻き込まれ，組み込まれていく。

武田軍の長篠城攻囲

元亀4年（1573）春，武田信玄は最後の城攻めで野田城を落とすと帰国の途中で52年の人生を終えた。その時を待ちかねていたように31歳の徳川家康は長篠城奪回に動いた。

・当時，野田方三人衆は永禄4年以降一貫して家康方であったが，山家三方衆は武田軍の奥三河侵入で武田に属していた。家康は長篠攻めと同時に，作手の奥平に再度の帰属を強力に働きかけていた。

・奥平は，東三河諸族では遅く永禄7年に家康に従っていたが，元亀に入ると田峰菅沼氏らと共に武田方となっていた。再度の徳川帰属を働きかけた

7

のが長篠攻め最中の8月付け家康起請文[注1]で，徳川は奥平に思い切った処遇を約束している。

こうして武田家の代替わりの中で起こった長篠城の徳川帰属と一連の動きは，新国主の武田勝頼にとってその威信を問われる事態で，城の奪回は避けることの出来ない失地回復の地方作戦となった。

天正3年（1575）4月12日，父信玄の三回忌を終えた勝頼は，一路三河を目指した。この時の1万5千の数字は，全面支援の織田軍との直接対決を読んでいない。

- 三河への侵入路のそれぞれに，武田軍に関わる文書が残されている。右写真の徳貞（とくさだ）（現在の新城市徳定）宛高札に武田竜印がある。[注2]
- 根羽（ねば）から伊那（いな）街道に入る津具ルートについては奥平喜八郎関係の文書が数点挙げられるが，この時のものは4月14日付けの石川数正書状のみである。[注3]

徳貞への武田軍高札

> 2月　家康は長篠城主に，2年前に武田を離れた作手の奥平貞昌を当て，再度の離反の出来ない立場を利用した。
> 5月1日　5百の城兵が守る長篠城を，勝頼以下1万5千の武田軍が囲んだ。城は猛攻にさらされたが持ちこたえた。
> 5月16日　「援軍来る！」の狼煙が上がると，18日には3万の織田軍が家康本隊と共に設楽原（数キロ西）に姿を現した。

織田・徳川軍の設楽原布陣

4月，京都から大坂方面へ一向宗徒を追って出陣していた信長は「大坂一城落去幾程あるべからず」と，28日岐阜へ戻っている。（『信長公記』）

- 5月13日，三州長篠後詰として信長御父子御馬を出され（同）
- 5月14日岡崎に至而御着陣，次日御逗留（同）
- 5月18日推詰，志多羅（設楽）郷極楽寺山（ごくらくじやま）に御陣を居させられ（同）

設楽郷に着陣と同時に連吾川（れんごがわ）沿いに「馬塞之為柵を付」て，信長は武田軍の進出を待った。地元文献の『長篠日記』は，「川路連五ノ橋ヨリ浜田（かわじ）（はまだ）ト云

所マデ」約2キロにわたって柵を設置したという。

連合軍の布陣は明らかに《待ち》の構えである。ここへ武田軍が進出しなければ衝突は起こらない。たとえ進出したとしても，武田軍が対峙のまま動かなければ「柵で待つ鉄砲」は働くことが出来ない。『信長公記』の「信長御案を廻らされ，御身方一人も不破損の様に御思慮を加えられ」は，その対策と読めるが，結果としてこれに対する武田軍の動きが勝敗の分かれ目であった。

○連吾川の選択が，武田軍の設楽原進出を促した
　・五反田川筋への馬防柵設置では，武田軍にとって城が近すぎ，軍の配置も五反田川の分流でやりにくい。武田軍進出が見込めない。
○鳶ヶ巣急襲の鉄砲の轟音が，武田軍の馬防柵突入の引き金となった
　・武田軍にとって背後の鳶ヶ巣方面からの銃声は，引くに引けない状況を告げていた。様子を見守る武田軍の《待ち》がなくなった。

18日，後詰の織田軍到着の知らせは，長篠城攻囲の武田軍に新たな対応を否応なしに迫ることになった。この時の武田軍議について，『甲陽軍鑑』と『当代記』が「先甲州へ馬を入」「此度は被引入，信長帰陣之上」と老臣の意見を記しているが，勝頼の決断は滝川渡河であった。

19日から20日にかけて，武田軍は滝川を越え，連吾川左岸の信玄台地一帯に陣を敷いた。注4

滝川の右一帯が長篠城

滝川

鉄砲の戦い

5月21日，酒井忠次隊の鳶ヶ巣急襲とともに始まった連吾川戦線の衝突が，鉄砲の戦いである。両軍の衝突を，『信長公記』は「日出より寅卯之方へ向て，未刻まで入替入替相戦」と記している。

①戦端の開始　『当代記』は「（廿一日未明に城の向鴟の巣…打破）敵見之無理に信長・家康陣所へ…寄来」と記し，武田軍が鳶ヶ巣急襲を見て（鉄

炮の音と火の手）柵で待つ連吾川ラインの連合軍に突入したという。『信長公記』の「日出」とも整合し，内容としても自然に思われる。ところが，その『信長公記』が奇襲隊の鳶ヶ巣攻撃を"辰の刻"という。これは，鳶ヶ巣当事者の酒井忠次・奥平信昌等の記す「あかつき」と比べてあまりに遅く疑問である。注5

『松平記』は"卯の刻"である。連合軍の鳶ヶ巣攻撃の音が，武田軍の馬防柵突入を引き起こしたとみる。

② 「**寅卯之方**」　『信長公記』が両軍の衝突を「日出より寅卯之方へ向て」と記しているが，この「寅卯之方」は右図で連吾川が「南々東」を向いている「織田軍布陣」の文字の右横辺りはそうなるが，他の所では川の向きから「寅卯之方」にはならない。これは，筆者の参戦位置と読める。

③ 「**鉄炮を以て散々ニ**」　どのように鉄炮が使用されたかを，『信長公記』は簡潔に記している。特に一番の山県軍に対する「鉄炮を以て散々ニ打立られ」の記述は「鉄炮の戦い」と称せられる根拠といえる。この部分を『松平記』は「味方より鉄炮をしげく打懸られ」と記し，『三河物語』は「雨之あしのごとく成てつほうにあたりて」としている。この「"散々ニ"の中身の検証」を試みたのが，この数年間の私たち「設楽原をまもる会」と「長篠・設楽原鉄砲隊」の歩みである。

連吾川中流域で対陣

城ぜめのごとく

両軍衝突の様相を，『甲陽軍鑑：品14』は次のように記している。

・柵の木三重まであれば，城ぜめのごとくにして，大将ども尽鉄炮にあた

り死する。

「城ぜめのごとく」と言わしめたのは，柵木と地形の関係が鉄炮の使用を大きく助けた戦いであったということであろうか。連吾川を挟んだ対峙が，相手方への突入となった戦いの舞台の検証も，今回の大きな課題とした。

日出から未刻（午後2時）まで，それぞれの生き残りをかけた決戦は1日で終わった。戦場を離脱した勝頼は，武節から根羽を抜け，伊那谷を経て甲州へ向かった。信長は硝煙の匂う戦場から，「不残敵討捕候，…爰許隙空候条，（鉄炮放）差上候」[注6]と在京の長岡兵部に鉄炮放のお礼とその帰還を報告している。家康は北の脅威をほぼ解消し，戦国の歯車は新たな時代を刻もうとしていた。

2　小さな疑問？

昭和15年当時，東郷 東 尋常高等小学校の低学年の遠足の目的地は「古戦場」ということで，歩いて1時間強の長篠城が多かった。高学年は潮干狩りが定番であった。夏は，お盆になると学校近くの信玄塚で行われる"火おんどり"[注7]を見に行くのが少し大きくなった子供たちの楽しみであった。子供たちはこの火まつりが「長篠合戦でなくなった人の供養」ということはよく知っていたが，どこか腑におちないところがあった。「長篠古戦場には遠すぎる？」と。

だが，"火おんどり"の信玄塚から離れている子供たちにはそんな疑問もわかず，古戦場は長篠であった。その頃「戦国の戦いは，鳥居強右衛門の働きで援軍が来て，落城寸前の長篠城が救われた。援軍は信長と家康，負けたのは武田勝頼。」が，地元の合戦話の筋であった。才ノ神の赤ハゲではよく遊んだが，そこが武田本陣とは誰も言わなかった。

江戸時代の地元の記述

1607（慶長12年）　金子諸山の「戦場考」[注8]

　　　　　　　　「川窪詮秋，土屋直規，望月重氏の墓　柳田郷与兵衛なるものの裏山に土饅頭三つ…」（再建碑）

1653（承応2年）	領主設楽貞政，天正の供養碑を信玄塚に建立

1653（承応2年）　領主設楽貞政，天正の供養碑を信玄塚に建立
　　　　　　　　　碑の左面「於武広之在所天正年中群卒討死之軍場也」
　　　　　　　　　（現存）　　　　※「武広」は「竹広」のこと

1726（享保11年）　太田白雪の『続柳陰』（三原屋本）
　　　　　　　　　「連五川　一ノ柵場，柳田村赤ハゲ　武田勝頼ノ陣場」
　　　　　　　　　等

1862（文久2年）　夏目可敬『参河国名所図絵』
　　　　　　　　　「設楽原　武田勝頼1万2千余騎を引率し…前には谷を
　　　　　　　　　当，後に川を帯して陣を…分つこと十三隊」等

　江戸期の文献は，連吾川周辺での両軍の衝突についての伝承や倒れた武将
の墓碑を記し，長篠城攻防に続く設楽原での決戦をかなり具体的に伝えてい
る。村人はその多くを昔話で聞いていた。

近代の教科書　注9

　例1：『小学歴史階梯』中近堂（東京，明治19）
　　　　「勝頼，長篠を囲む。徳川家康援兵を乞ふ。織田信長往て之を救ひ
　　　　大に勝頼を破る。」

　例2：『中等教科　日本歴史教科書下巻』三省堂（大正6）
　　　　「信長は家康を援けて武田勝頼を長篠（三河）に破り（天正3年），
　　　　後甲斐に進みて…」

　例3：『小学国史教師用書中巻』文部省／東京書籍（昭和7）
　　　　「天正三年勝頼精鋭を挙げて三河の長篠城を攻囲せしに，城主奥平
　　　　信昌死守して屈せず。信長家康連合して赴き援け，鉄砲隊を以て盛
　　　　に敵を攻撃しかば，勝頼大敗してその軍死傷するもの一万余，老功
　　　　の名将多く討死」

　江戸期の文献と比べ，教科書という字数の制約もあってか「長篠城の攻
防」とそれに続く滝川渡河後の決戦が「長篠」の一語でまとめられている。
先の昭和初期の子供たちの小さな疑問は，この近代の教科書の記述傾向の
影響のように思われる。私たちが物事を見るときは，いつも何らかのスケー

序　章　鉄炮の戦い "長篠・設楽原" の展開

ルをあてはめてみようとしているが，そのものさしが伝承から教科書に軸足を移し，中味が大味になっている。

　伝わること・伝えることの重みを改めて思う私たちの少年時代である。

注1　『譜牒余録：巻27』の「敬白起請文之事」，『愛知県史』№ 901 による。

注2　津具の「渡辺家文書」，渡辺俊也氏所蔵。夘月晦日の徳貞郷宛であるから，足助・作手筋からの長篠来攻時のものか，吉田方面への出撃時のものかのどちらかである。

注3　奥平喜八郎宛の石川数正書状：『愛知県史』№ 1081，『徹底検証：5章第13』による。

　　・喜八郎が後藤善心を討った時の感状として「4月12日付の家康書状」が，天正3年とされることが多いが誤りである。永禄12年である。『北設楽郡史』参照。

注4　『戦国ウォーク：コース⑥』参照。

注5　忠次，信昌の「あかつき」の記述は，『愛知県史』所載の文献№ 1163，№ 1166 による。『寛永諸家系図伝』参照。

注6　信長書状は『徹底検証：5章第23』による。

注7　火おんどり：古戦場の真ん中にある信玄塚での盆供養の火まつり。今年は443回目。

注8　「戦場考」は，慶長12年に設楽原古戦場を巡歴した金子諸山の随筆とされるが，古戦場に建つ墳墓の断片的な記録である。『設楽原戦場考』（設楽原をまもる会）参照。

注9　『設楽原紀要（11号）』の「鉄砲の戦いを伝える教科書」参照。

□参考基本文献　〔史料名・著者名・成立年代・引用書名等の順に記載〕

1　『信長公記』太田牛一・1610・池田家本（岡山大学所蔵）写。『改訂信長公記―桑田忠親校注』（新人物往来社）参考

2　『甲陽軍鑑』小幡景憲・1621頃・『改訂甲陽軍鑑 - 磯貝正義・服部治則校注』（新人物往来社）

3　『松平記』作者不詳・（慶長頃）・牧野文庫（新城市）所蔵版本『校訂松平記下』

4　『当代記』作者不詳（松平忠明説）・（慶長頃）・『三河文献集成　近世編上』（宝飯地方史編纂委・国書刊行会刊）による

5　『信長記』小瀬甫庵・1611頃・現代思潮社刊

6　『三河物語』大久保忠教・1622頃・牧野文庫所蔵版本。『原本　三河物語（穂之邑文庫本）』（勉誠社）参考

7　『家忠日記増補』松平忠冬・1668・牧野文庫所蔵本（写本）

8　『武徳大成記』幕府編纂・1686・牧野文庫所蔵本（写本）

9　『總見記』遠山信春・1702・牧野文庫所蔵本（観奕堂版）

10　『寛永諸家系図伝』江戸幕府編纂・1643・続群書類従完成会刊本

11　『譜牒余録』「貞享書上」をもとに幕府編纂の家伝の集成・1799・内閣文庫影印叢刊

12　『長篠日記』作者不詳（阿部四郎兵衛説）・不明（天正6年説）・写本8点
　　・『長篠軍談記』小野田小三郎・1731・小野田裕氏所蔵で通称「小野田本」

13　『菅沼家譜』菅沼定実・1677・宗堅寺本による。新城市誌資料Ⅹ『菅沼家譜』参照
　　『菅沼記』作者不詳・1672・新城市設楽原歴史資料館蔵「加藤家文書」

14　『続柳陰』太田白雪・1726・三原屋（新城市）大原正巳氏所蔵自筆本

15　『参河国名所図絵』（中巻）　夏目可敬・1862・愛知県郷土資料刊行会刊本

□参考図書　〔図書名・刊行年・著者等〕

1　『歴史の中の鉄炮伝来』2006・国立歴史民俗博物館

2　『鉄炮伝来－兵器が語る近世の誕生』1990・宇田川武久・中央公論社

3　『火縄銃の伝来と技術』2003・佐々木稔編・吉川弘文舘

4　『大航海時代の日本と金属交易』2014・平尾良光 他・思文閣出版

5　『検証　長篠合戦』2014・平山優・吉川弘文舘

6　『現代に蘇る火縄銃　鉄砲隊の鉄砲』2011・愛知県古銃研究会

7　『増訂織田信長文書の研究』（全三巻）　奥野高廣, 吉川弘文舘

8　『愛知県史：資料編⑪　織豊1』2003・愛知県, 本書では『愛知県史』と略記

9　『新編岡崎市史―史料・中世編』1983・岡崎市

10　『南設楽郡誌』1926・南設楽郡教育会（他に明治43年, 郡役所刊本がある）

11　『北設楽郡史―中世編』1968・北設楽郡史編纂委員, 『北設楽郡史』と略記

12　『東郷村沿革誌』1951・東郷村（「東郷村報」復刻会刊行本）

13　新城市誌資料Ⅵ『慶長九年検地帳集成』1966・新城市教育委員会

14　牧野文斎遺稿『設楽原戦史考』1985・設楽原をまもる会

15　『新城市設楽原歴史資料館研究紀要』, 『設楽原紀要（号数）』と略記

16　『徹底検証―長篠・設楽原の戦い』2003・小和田哲男監修／小林芳春編・吉川弘文舘,
　　『徹底検証』と略記

17　『戦国ウォーク　長篠・設楽原の戦い』2014・小和田哲男監修／小林芳春・設楽原を
　　まもる会・黎明書房, 『戦国ウォーク：コース○』と略記

18　『クロニック・戦国全史』1995・講談社

コラム：古戦場の風景
古戦場①

天正3年5月21日は新暦で何日？

とりあえず換算すると

換算を国立天文台天文情報センター暦計算室等のITNサービスで行うと，時に二つの数字が出る。これは

①ユリウス暦で　　1575年6月29日
②グレゴリオ暦で　1575年7月9日

二つの新暦（太陽暦）があったからである。

古いローマの暦
『JAPONICA万有百科大事典
9 世界歴史』（小学館）より

修正されたグレゴリオ暦

このどちらも太陽暦だが，ユリウス暦は紀元前から使われ，誤差が早くから指摘されていた。そこで，1582年10月4日の翌日を「10月5日」とせずに「10月15日」と10日間飛ばして修正したのが，ローマ教皇13世であったのでその名前をとってグレゴリオ暦と呼ばれている。

従って，ユリウス暦の5月21日（1575）を，現在のグレゴリオ暦にするためには，上の①の「1575.6.29」に10日を加えて「7.9」にする。

グレゴリオ暦の修正10日間の根拠

| ① | ユリウス暦では | 1年を365.25で計算 |
| ② | グレゴリオ暦では | 1年を365.2425で計算 |

この差が，128年で1日の違いになる。これをまとめて修正したのが「10日飛ばし」。ところが，このままでは又同じことが起こってくる。そこで，閏年の数を減らして修正したのがグレゴリオ暦である。つまり，1年に0.0075減らすために400年に3日，つまり3回閏年を減らした。

※グレゴリオ・ルール：閏年中，100の倍数で400の倍数でない年を平年とする。

……だがグレゴリオ暦でも，やがて誤差がでる。それは3000年に1日程度。

日本の新暦への変更は

明治5年11月9日に太陽暦採用を布告し，運用はそれまでの

・旧暦「明治5年12月3日」を→新暦「明治6年1月1日」とした。

※二つの旧暦：太陰暦354日→太陰太陽暦（平年354日，閏年384日）

コラム：古戦場の風景
古戦場②

4百余年，長篠城の今は！

本丸 　ここに立つと，天正の昔がよみがえってくる。一ノ滝の一筋の流れや土塁の松，草木の匂いである。豊川（滝川）対岸には鳥居強右衛門の磔死の碑があり，宇連川（大野川）を挟んだ頭上には鳶ヶ巣山がある。

長篠城は，この豊川・宇連川の合流点に位置し，北西の矢沢とで三方を囲まれているが，北東側はなだらかな平地で守りが弱い。…守るための様々な工夫が見える。

長篠城図[注]

まずは内堀 　本丸すぐ北の内堀は水が引かれ，堀の続きの殿井戸では，常に水は滾々と湧き出ていた。お堀の土を盛り上げた大土塁もある。試掘調査で分かったが，内堀から外側の空堀にかけてV字型の人が隠れる位の穴がいくつか掘られていた。今は駐車場になっている。

「城の藪」 　近所の明治生まれの方が，「城の藪」の竹を1本切ると「指を1本切られた」というほど大事にしていた竹林があったという。

今，城の近くに「殿藪」という地名が残っているが，そこがお城時代の竹林「藪」の名残であろうか。

「追手門」周辺 　本丸から200mほど北西に，「長篠城の追手門」の標柱があり，その近くに蟻塚と観音堂がある。戦後，夥しい蟻の大群がはい出たため，「蟻封塔」を建てて供養したところ蟻は出なくなったという。あまり知られていないが，長篠城攻防の激戦地で，倒れた多くの無名戦士の夢の跡である。

地元では「蟻塚様」と呼び，毎年，8月10日には観音堂で法要を行い戦国の霊を祀っている。観音堂の聖観世音菩薩は，あの日以来，この地の平安を静かに見守っている。

本丸はタンポポの園

　　　　　　　林　里江子（長篠開発委員会）

注：「長篠戦略記」（川合森之助）による

第一章
戦いの舞台に立つ

天正3年（1575）
小さな長篠城の争奪に武田と徳川の両氏は
彼らの存亡をかけてこだわった
それが鉄炮の戦いを起こし，
戦国の流れを変えた

1　長篠城

　小さな長篠城の争奪に，武田と徳川の両氏は彼らの存亡をかけてこだわった。

　それが，鉄砲の戦いを起こし，両氏の盛衰に直結した。

　……信州に続く奥三河山地は，千ｍを越す三信国境から次第に標高を下げ，宇連川と寒狭川の合

図1-1　平野への出口「長篠城」

流点で東三河平野の東端に接している。そのため，長篠城の位置は，三河湾の海をかかえる東三河平野への出口を押さえる要となっていたからである。

(1)　武田軍の包囲

　天正3年（1575）4月の末，武田軍は，合流点の断崖を利用した平山城の長篠城を包囲し，両川の対岸には監視隊を置いた。乗本側の鳶ヶ巣山からは城を眼下に見下ろし川筋から城への出入りを厳しくとがめていた。

　包囲の武田軍の布陣を記すものは殆どないが，地元文献の『長篠日記』系や『新城加藤家文書：代々記』等に一部が記されている。[注1]

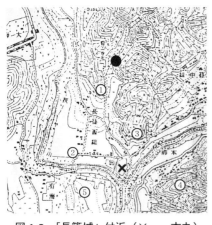

図1-2　「長篠城」付近（×……本丸）

●勝頼本陣…城の北奥（医王寺山）
①天神山方面…真田兄弟，土屋右衛門，逍遥軒（信廉）布陣
②城の西（滝川左岸）…高坂源五郎布陣
③城攻め衆（大通寺方面）…典厩（信豊），小山田信茂，馬場信房，山縣昌景布陣
④乗本側（大野川左岸）…鳶ヶ巣山各砦に武田信実，三枝兄弟 他
⑤有海側（滝川右岸）……穴山梅雪，小山田備中，一条右衛門布陣

18

囲んだ武田軍の兵力を記す文献の数字は微妙に異なるが，戦い当事者の記録ともいえる『信長公記』と『甲陽軍鑑』の数字は共に 1 万 5 千である。守る長篠城の兵力は普通 5 百とされているが，記すのは近代の記述である。

※ 戦い 2 年前の 8 月，作手脱出時の奥平勢について，『長篠日記』系に「奥平手勢二百余」の数字がある。翌 9 月，家康は奥平貞昌を長篠の城番に命じ，同じ城番で加勢の松平景忠等の兵等を加えて 4 百から 5 百になる。

城兵 5 百に対し，包囲の武田軍は 1 万 5 千で 30 倍であるが，当初の城攻めはゆっくりしていた。

武田軍の猛攻

長篠城に対する武田軍の奪回行動を必至と読んでいた家康は，籠城に備えての兵糧米の確保など信長の支援を得て準備を進めていた。注2

若き奥平貞昌の城主起用は，彼の器量に加えて武田を離反した奥平一族にとって降伏はありえないからであった。

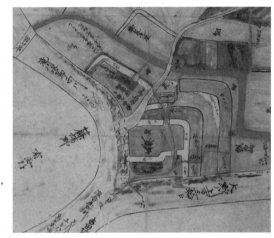

図 1-3　長篠城図（長篠城址史跡保存館蔵）

次は，『譜牒余録：巻 27 松平下總守』を中心にまとめた城の攻防である。

4 月 21 日　武田軍，長篠城を囲む。（『当代記』・『菅沼家譜』は 5.1）

5 月　6 日　武田軍の一部，牛久保から吉田城を窺う。

　　　8 日　全軍を長篠に集中，包囲を強めた。

　　 10 日　家康，「早馬を以て信長へ注進有」（『松平記』による）

　　 11 日　寄手，合流点の緩斜面の崖を登り，野牛郭へ侵入をはかる。

　　 12 日　本郭西隅で武田軍金掘が土居の掘崩しをはかる。
　　　　　　城内からも反撃。

　　 13 日　夜，瓢郭の土居代りの塀を倒され，城兵は瓢郭を引上げた。
　　　　　　武田方の井楼を大筒で打ち崩した。城の糧庫を奪われた。

14日　・武田軍の総攻撃を,「城兵鉄炮ヲ放テ防ギ守ル」。
　　　・城の窮状を知らせる使者を立てた。使者については,鳥居
　　　　強右衛門・鈴木金七郎の二人説等がある。[注3]
15日　この日以降,城の攻防は記されていない。
16日　岡崎から戻った使者の強右衛門は城の近くで武田方に捕らえ
　　　られ磔になったが,長篠城に「救援間近」を知らせた。
18日　信長軍本隊が設楽原の極楽寺山に着陣,家康軍は連吾川右岸
　　　に布陣。

　信長・家康連合軍3万5千が設楽原に布陣すると,武田軍の攻撃は止み,城はついに持ちこたえた。一転して,城を囲む武田軍には容易ならぬ事態が迫っていた。それを伝える武田軍の軍議を,『甲陽軍鑑：品14,52』が記している。滝川渡河前日のことである。

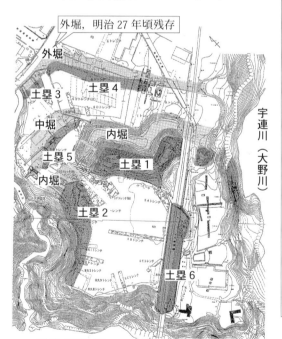

長篠城を囲む川
城の南東側の川
・現在の呼名…宇連川
・古名…乗本川・大野川
・近代…三輪川（板敷川）
城の南西側の川
・現在の呼名…寒狭川※1
・古名…滝川・岩代川
・近代…寒狭川・滝川
城の南側合流点の下流
・現在の呼名…豊川
・古名…大川※2・吉田川
・近代…豊川

※1　豊川が正式,寒狭川は通称（源は寒狭山）
※2　大川は。当時も今も使用される。

図1-4　長篠城推定復元図（「史跡長篠城跡報告書Ⅳ」による）

（2） 長篠城の鉄炮

　長篠城に関する文献の鉄炮記述は少ないが，平成11年からの「長篠城跡試掘調査」で30個の玉らしきものが出土した。（第2章2参照）

　長篠城を舞台にした鉄炮使用は，天正元年と3年の2回である。これに関係する文献の「長篠城攻防の鉄炮」記述を，ほぼ成立時期順にあげる。史料は『愛知県史』と地元文献によった。

写真1-1　新東名が見下ろす長篠城跡

ア　天正元年の「徳川軍による長篠城攻囲」での鉄炮

　7月，信玄死去を確信した徳川家康が宇連川対岸に出城の砦を築き，長篠城を囲んだ戦いである。地元文献の『長篠日記』と『菅沼家譜』が，家康の攻囲を記すが鉄炮使用の記述はない。

　7月20日　家康は三州・遠州の軍勢で長篠城を囲んだ。
　　　　　・対岸の久間・中山に附城を築き，酒井・菅沼を配置した。
　　　　　・「城中ヘ火矢ヲ打掛是ヲ攻ム」。
　8月中旬　甲州からの援軍（5千余）が来たとき，城主菅沼正貞はすでに開城していた。以後，長篠城は徳川方の城となった。

イ　天正3年の「武田軍による長篠城攻囲」での鉄炮使用

　徳川方の奥平軍が守る城を，奪回を目指す武田軍が大軍で囲んだ。籠城の奥平方からの鉄炮使用は多くの文献に記されているが，武田軍の鉄炮使用は『譜牒余録：奥平家伝記』等にわずかである。次は，各文献の鉄炮記述。

　※下線は「織田・徳川軍の鉄炮使用」を，波線は「武田軍の鉄炮使用」を表す。

①『当代記』
・十三日夜子剋，……ふくへの丸の人数を升方の丸へ引入る，此時敵わくを持来，それに竹たはを早速に付，せいろを可上之企にて柱を立る，茲にせいろ上なは大手の門の通路可及難儀とて，鉄炮数箇丁を以打之，自本丸大鉄炮を以，右の竹たはを撃之間，せいろ上んことを不得

② 『寛永諸家系図伝：奥平信昌』

・五月十三日の夜，武田勢瓢丸をのりとらんとす，信昌下知して弓を射，鉄炮を放つ，敵手負死者八百余人…

③ 『長篠日記』（小野田本）

・日限不知　敵大手へ寄来ル，城中ヨリ突出防戦其日敵退ク，翌日ノ夜，城ヲ乗取ントス，信昌下知シテ弓鉄炮ヲ放掛，敵手負死人八百余同，フクベノ丸ヲ乗取ント門際マデ寄来ケル時城中ヨリ突出テ山崎善七奥平出雲…鑓ヲ合ス，城勢手負数十人有　此時今泉内記討死…

④ 『譜牒余録：巻27 松平下総守』（「奥平家記録」）

・十二日敵兵本丸ノ西ノ隅ニ攻寄，金掘アマタ入レ土居ヲ掘崩シ攻入ントス，信昌此事ヲ知テ，敵ヨリ掘入ル所ヲ考ヘ，城内ヨリ地中ヲホリ鉄炮ヲ放ツ，敵大ニ驚キ敗北ス

・十三日ノ夜，敵瓢丸ヘ攻ヨセ…信昌兼テ勇士アマタ籠置ク，敵果シテ…間近ク引ウケ月夜カケニ鉄炮ヲ放ツ，寄手討ルル者多シ

・同夜，敵追手ノ門キハニ井楼ヲアケ…其挙ルヲ待テ大筒ニテ打崩ス

・十四日敵総勢ヲ以テ攻ツメ一挙ニ城ヲ乗取ントス，城兵鉄炮ヲ放テ防キ守ル

⑤ 『譜牒余録－巻27 奥平美作守』（「奥平家伝記」）

・十三日夜，敵緊く攻寄，瓢丸を乗とらんとす…瓢丸の人数を夜の内に三ノ丸へ引入候…敵井楼を上へき手立て相見へ候ニ付，鉄炮数丁を揃打懸，本丸より異風筒を以竹束を打破り…敵本丸西より金掘を入…今泉内記と申者狭間よりのぞき之外を見る所を鉄炮にて打レ死す，後藤助左衛門是も外を窺ふとて鉄炮にあたりて倒伏す

この5文献で，城側の鉄炮使用が8箇所記され，対する武田方は2箇所である。当時の武田氏の鉄炮事情を反映しているように思われる。

※『信長公記』，『松平記』，『甲陽軍鑑』，『三河物語』，『菅沼家譜』等には，長篠城攻防における鉄炮の記述がない。

ウ 発見された玉

長篠城跡試掘調査で，30個の玉が出土した。

◆いつの戦いの玉か？

　天正元年なら，家康は優位な鉄炮を使用して短期に戦いを終わらせようとした可能性がある。天正3年ならば，武田方が打ち込んだ玉か，奥平方使用のこぼれ玉かになる。文献の記述は，城側が殆どである。

◆どちらの玉か？

　長篠城址の発掘での玉の出土は，2か所に集中している。（2章2参照）
　①本丸入口付近で14個
　　　…鉛玉12個，銅玉2個
　②本丸の最奥部で渡河の不可能な西隅で11個
　　　…鉛玉7個，銅玉4個

　現存する本丸土塁の高さや二つの大河にはさまれた絶壁上の本丸南側一帯は，外から玉が集中して打ち込まれることは考えにくい。②は城側の玉とよめる。

　本丸入口付近を城の推定復元図でみると，入口の正面に中堀と土塁5，更にその前面に外堀と土塁3・4の配置がある。ここは相手軍の攻撃も強いが，城側の反撃も一番強いはずで，当然玉の移動も多く，城側の玉が残る可能性も大きい。つまり，①は天正元年の徳川軍の攻撃で打ち込まれたものと，天正3年の籠城軍の守備用の玉，それに武田軍の発射玉の3通りが存在することになる。

写真 1-2　城跡の鉛玉

◆銅玉は鉄炮の玉か？

　設楽原と違って長篠城では，銅の玉が目につく。30個中8個と比率が高いが，何個かは非玉の可能性がある。銅玉の出土は長篠城と設楽原の大きな相違点である。

写真 1-3　城跡の銅玉

注1　『代々記』と関係の深い『菅沼家譜』には記述がない。
注2　信長の兵糧米支援に対する3月13日付けの家康礼状（大坂城天守閣所蔵）がある。
注3　長篠城からの使者は，地元の資料では二人（鳥居強右衛門と鈴木金七郎）である。
　　　鈴木金七郎の子孫の家も生家も現存する。『戦国ウォーク：コース⑬』参照。

コラム：古戦場の風景
古戦場③

地名と人名の『長篠日記』

『長篠日記』の原本は未発見

　北設楽郡旧富山村（とみやま）出身で名古屋在住の佐藤氏が所蔵する「三陽長篠合戦日記」には，原本が合戦の３年後に書かれたとの奥書があり，「長篠日記」の別称を持つ。そこで，原本より派生して内容が大同小異の写本群を『長篠日記』と総称している。

　『長篠日記』を読むと『甲陽軍鑑』と小瀬甫庵の『信長記』の引用が多いのに気付く。例えば，鳳来寺東照宮の神職を勤めた小野田家に伝わる「長篠軍談記」（小野田本）では，本文 10,121 字中の 3,555 字が両書と全く同一文言で 35％に及ぶ。表現が異なるが内容的に同じ記述を含めれば，引用度は更に高まる。それが戦闘やエピソード部分なので，読み手には「引き写し」と思える強いものがある。

地名の記録に

　だが，『長篠日記』の特徴は別の所にある。それは地元の地名がふんだんに記されていることである。

小野田本

この戦いで，『甲陽軍鑑』記載の地元の地名は「長篠・宇利・鳶巣山・橋場・信玄墳（づか）」の５か所。甫庵『信長記』では，「長篠・滝沢川・野田（原）・志多羅之郷（しんげん）・極楽寺山・御堂山（みどう）・鳶ヶ巣・あるみ原・ころみつ坂・高松山・道虚寺山（したら）注」の 11 か所。これに対し小野田本には地元名が 68 記録されている。『信長記』が状況を述べることに，『甲陽軍鑑』が将士の行動に主眼をおいて記述しているのと比べると，『長篠日記』の記述は地元の地名を通した合理性を踏まえている。

　同様のことが登場人物についても言える。『甲陽軍鑑』の人名数は 52，『信長記』は 73，小野田本では 219 である。地元人名は，それぞれ１，２，32 である。この「日記」という記録性こそが，私たちに追究する価値を与えてくれている。

　　　注：「道虚寺山」は「医王寺山」の誤記と思われる。

丸山俊治（新城市郷土研究会）

第一章　戦いの舞台に立つ

2　鳶ヶ巣山砦

> 決戦の5月21日早朝の鳶ヶ巣急襲は，砦の武田隊には予期しない敵襲となり長篠城眼前で総崩れとなった。追い詰められていた城兵が救われ，一転して設楽原進出の武田軍はその背後からも脅かされることになった。

　鳶ヶ巣山の攻防は時間的に前哨戦であるが，実質は本戦の一部とみることができる。信長は，予め鳶ヶ巣攻撃隊に「馬廻りの鉄炮5百挺」と金森五郎八らの目付（検使）を副えて4千程の部隊で出発させている。これは設楽原進出の武田軍本隊の1／3にあたる大部隊である。

図1-5　鳶ヶ巣山と設楽原

奇襲の献策

　設楽原に展開する織田・徳川軍にとって，鳶ヶ巣山への奇襲は船着山の背後からになる。従って，長篠城真正面の砦に近づく最後の船着山の下りは，夜の闇にまぎれなければ奇襲は不可能である。夜間の出撃に加えて，途中「豊川渡河」「松山越」の二つの難所をかかえ，設楽原から4時間半を越える道筋を選択した「鳶ヶ巣奇襲攻撃」は誰の献策であろうか？

・『長篠日記』『譜牒余録-奥平美作守』『寛永系図伝-酒井忠次』等多くが別働隊長の酒井忠次としている。
・2年前，長篠城を攻略した家康はこの道筋を使って浜松へ帰っている。その時の同行者の発案か，家康の場合もある。
・『信長公記』の「信長被廻御案，御味方一人も不破損之様」に続けて"鳶ヶ巣急襲"が記されている。鉄炮5百挺，4千人が「南之深山をまハリ，長篠之上鳶巣山へ」という。発案は信長とみることもできる。

25

鳶ヶ巣攻撃のねらい　信長は4千人の別働隊を，長篠城対岸の「鳶ヶ巣奇襲」に差し向けた。

①第一の目的は，長篠城の落城を防ぐことであろう。対陣が長期になる場合も含めて，城救援の直接行動である。

②第二は，設楽原進出の武田本隊の後方撹乱である。鳶ヶ巣での鉄炮の轟音は，設楽原の武田軍にとって"背後危うし"の音になる。

③第三は，武田軍の鳶ヶ巣小荷駄基地をたたくこと。『松平記』に「小荷駄を取」とある。

> 大迂回作戦

武田軍の後方に位置する鳶ヶ巣への道は，川路の広瀬で豊川を渡り，船着山の南側を大きく迂回する。

夜間の出撃であるから，闇夜の松山越え（船着山の最初の急坂）と広瀬での渡河が最大の難関である。

水量豊かな川で知られる豊川の 60m 幅を武器を持った大集団が渡る危険は大きい。旧暦廿日の月の出は遅く夜 10 時半過ぎ，浅瀬の「青石の瀬」といっても 10cm・20cm ではない。降雨はなくても梅雨時，ここだけは薄暮の内に越さなければならない。『信長公記』の「五月廿日戌刻，のりもと川を打越」は大部隊の渡渉完了の時刻と解釈すべきである。夜半の渡河はない。

・月の出が遅い分，松山峠以降の山中の動きには役に立つ。

・『長篠日記』系や『譜牒余禄27－奥平家伝記』に，別働隊出陣が「夜更」「夜中」とあるが，闇夜の広瀬の渡渉は無謀である。

・『徳川実紀』は「五月雨つよくふりしきりたる夜にまぎれて広瀬川を渡り」と記し，『日本戦史―長篠役』には「郷ヶ原ノ東ヨリ大雨ヲ冒シテ豊川ヲ渡リ」とあるが，雨ならば日中でも渡渉は不可能である。道案内を務めた地元の菅沼定盈家史料『菅沼家譜』『菅沼記』は，渡河について一切ふれていない。

> 暁の奇襲

『譜牒余録－奥平美作守』は，「（武田方）二千余人討死…味方も手負死千人御座候」と，双方の激しい戦いを記しているが，鳶ヶ巣5砦の武田守備隊は不意をつかれて壊滅した。

第一章　戦いの舞台に立つ

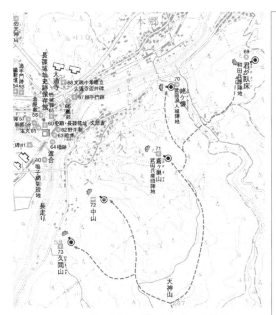

君ヶ伏床…和田兵部（上州）
  ・和田城主：和田兵衛大夫業繁
  ・石標「和田兵部陣地」
姥ヶ懐
  …三枝守友・守義・守光
  ・兄弟塚と父子の五輪
鳶ヶ巣
  …武田兵庫頭信実（砦隊長）
  ・河窪兵庫頭，信玄弟
  ・石標「武田兵庫頭陣地」
中山
  …五味与惣兵衛（越前浪人）
  ・塚は八束穂字藤谷に
  ・飯尾助友，名和無理介
久間…和気善兵衛（今川旧臣）
  ・塚は有海字稲場に
  ・上州の倉賀野，大戸も

図1-6　鳶ヶ巣山の砦群と武田守備隊

　未明から始まった鉄砲の轟音は信玄台地に布陣する武田軍本隊を襲い，背後に上がった鳶ヶ巣の火の手と共に，彼らに目前の馬防柵突破しか道のないことを知らせた。鳶ヶ巣奇襲は，両軍全面衝突の引き金となった。
・当時，奇襲攻撃隊のリーダーの一人であった野田城の菅沼定盈の子孫が，江戸時代の新城藩主を務めているが，代々の藩主は家督相続の度に大迂回の「殿様実地踏査」を行ったと「新城町御触書留帳」が記録している。江戸住まいの藩主が先祖の足跡を辿りながら，天正の戦いで果たした菅沼氏の役割の大きさを伝えていたのであろうか。

文政六年三月十三日（一部）　※
殿様松山越長篠古戦場御見物ニ被為入候，川船壱艘鳥原渡し場へ揚置…吉川村豊田氏へ御立寄，御幡棹竹有御覧，夫ヨリ松山千手院観音御参詣…鳶ヶ巣山打越長シノ大通寺へ御立寄…御帰城之節ハ有海萱刈之瀬上釜と申所ヨリ御乗船。

※『新城町役場日記：No.19』の「御觸書留帳：文政6年（1823）」は，小野田登氏の新城市郷土研究会報告によった。

27

コラム：古戦場の風景
古戦場④

馬防柵再現で思ったこと！

　連吾川沿いの現在の馬防柵再現地に，最初に柵を建てたのは，昭和56年7月で，今年は37年目である。当時，年配の者なら誰もが木の伐採やその皮むきをした経験を持っていたので，近くの里山から間伐で材料をいただいた。約百mの柵再現を，350本の檜丸太を使って350人工を要した。

馬防柵の位置は

　再建に当たって最初の課題は，どこへ建てるかであった。

・川沿いか？　山際か？……合戦屏風絵図で見ると川岸から多少距離もありそうだが，江戸期の文書やその付図では，案外両岸に沿って柵が記されている。川岸の場合，かえって守りにくいとみて，弾正山のすそ辺りで昔の地形の現在地を選んだ。

・二重，三重は？……『甲陽軍鑑：品52』「柵を三重ふり，切所を三つかまへ」と記し，『長篠日記』に「柵ヲ二重ニ付ル…城戸ヲ拵ヘ」とあり，ある程度二重の形を取り入れた。

柵の資材調達は

　百mを350本とすると，約1kmで3千5百本が一重の必要数である。

　　※連吾川の下流1kmは断崖で不要，JR鉄橋の少し上から須長の県道までの2kmの内水田部分を半分として約1km。

　柵を二重にすると7千本である。これを『武徳大成記』が記すように岐阜から運ぶと，二人で1本として1万4千人，交代を考えると2万8千人になり，運ぶ手間が大きすぎる。

　　※柵木は細ければ2人，太さがあると交代は必須。

　柵に手ごろな丸太を切り出す作業量・要する時間からみても，また当時の里山にある伐採可能な樹種を考えても，現地調達も手間はかかる。

　　　　　　　　　　　山本 功（設楽原をまもる会）

3　設楽原

　武田軍にとって，この戦いは長篠城をめぐる攻防戦のはずであったが，織田軍の救援で戦いの舞台が設楽原での全面衝突へと変わった。

　それは，戦いの場所の変更と同時に，戦いの当事者（武田軍の相手）の変更となった。

　長篠城への徳川軍の後詰はある程度予期して

写真 1-4　柳田橋からの連吾川

いたであろうが，どこかでかみ合わなかった。その遠因は，前年 2 月の東美濃への足早な侵攻と続く 5 月の高天神城（遠州）攻略の成功にあるように思われる。注1

(1)　連吾川の選択

　長篠・設楽原の戦いは，信長・家康の連吾川の選択が，戦いの全ての経緯の中に組み込まれていくことになった。

　長篠城の後詰（救援）にきた織田・徳川連合軍は，城から 4 km 近く離れた連吾川右岸に陣を構えた。ここでの布陣の意図は，鉄炮（火縄銃）の効果的使用の条件を整えるためが先ず考えられる。

　鉄炮（火縄銃）使用の条件　　射程距離の長い鉄炮は，双方が直接ぶつかり合う場面では使用が限られる。

・玉込めから発射に時間を要する分，接近状態では使えない。
・射程距離が長いので，相手側に向けての同一方向発射になる。

　この条件下で相手に備える布陣位置としては，設楽原を南北に横断する 3 本の川筋があるが，蛇行の多い大宮川は外れる。鉄炮が使いにくい。

　布陣地選定の課題　　ここで相手軍を待ち，鉄炮で打つ構えの連合軍にとって，布陣地の決定には二つの課題が発生する。

①救援部隊が目的地から離れて留まり，肝心の長篠城救援が遅れる。その間に落城してしまうのではないか？
②武田軍が，長篠からこの地へ大河を越えて出てくるか？　出てきたとしても，柵に向かって突入してくるか？

29

長篠城から距離のある設楽原への布陣は，この課題への対応を用意しなければ成り立たない。その一つが，決戦前夜の鳶ヶ巣山奇襲隊で，連吾川選択の一環として予め想定されていたと考えられる。[注2]

　つまり，鳶ヶ巣山への奇襲は
・長篠城救援の直接行動であり（『松平記』）
・滝川を渡河して設楽原に進出した武田軍の後方撹乱となり

武田軍に正面突入を余儀なくさせたのであろう。鳶ヶ巣山砦奇襲は，武田軍の連吾川ラインへの正面突入の決定的誘因になったが，武田軍の滝川渡河はそれ以前の動きである。

武田軍滝川渡河の決め手

　武田軍の滝川渡河の決め手は，連吾川ラインから長篠城西を流れる滝川までの距離のように思われる。場所によって違いがあるが凡そ3～3.5km，その間に有海原台地と信玄台地があり，五反田川流域の低地がある。長篠城から一定の距離が保たれており，武田軍は背後の心配なく滝川を渡河して前面の連合軍と対峙することができる。加えて，設楽原には，多くの武田将士が幾度か足を踏み入れてきたという経緯がある。[注3]

図1-7　連合軍「設楽原布陣」直後の両軍の配置

第一章　戦いの舞台に立つ

連合軍連吾川選択の決め手

　3本の豊川支流の中で連吾川を選択させたものは，その位置と川筋の特徴であろう。

- ・連吾川ラインは，長篠城から道筋で4km以上西に離れており，武田軍が設楽原へ進出した場合もその後方（東側）に十分な広さ・ゆとりがある。滝川の渡河をためらう武田軍に，進出を促す働きが期待できる。
- ・柳田橋下で「くの字」に曲がるが，全体は北から南へ見通しがいい。上流は水源のかんぼう山麓まで一望であり，下流側も現在の柳田橋付近からは豊川の河畔林がわかる。五反田川の場合も中流域は直線的で見通しがあるが，上流側と下流側への見通しは台地に阻まれて断絶する。
- ・この連吾川筋を中心にしたこの地は，今川氏を離れた徳川（松平）氏に東三河で最も早く帰属した地方豪族設楽氏の7百年にわたる故郷の地である。その地勢・地形は設楽をはじめ野田の菅沼も，長篠城の奥平も熟知した地域である。

　信長・家康の連合軍は，5月18日，救援目的の長篠城からはまだ距離のある連吾川右岸で進撃をとめた。

> ◎　連合軍の連吾川布陣が武田軍の<u>設楽原進出を誘い</u>，三日後の
> ◎　鳶ヶ巣奇襲が，<u>武田軍の馬防柵突入を促した</u>。（『当代記』）

　柵で構える鉄炮が武田軍を圧倒し，未の刻には戦いが終わった。敗れた武田軍は精鋭の過半を失い，大勝の連合軍も多くの死傷者[注4]を出したという。

　なぜ，ここまで戦うのか？　古戦場の塚がそう語っている。

注1　『戦国ウォーク：コース①』参照。
注2　『長篠の戦い　信長の勝因・勝頼の敗因』（藤本正行，2010，洋泉社）第5章参照。
注3　元亀2年（1571）春，武田軍（秋山信友）が竹広で設楽・野田菅沼・西郷（徳川方）と戦っている。元亀4年（1573）春の野田城攻略では，武田軍の多くが設楽原を経由して甲州へ帰っている。この天正3年の長篠城包囲の直前には，吉田城攻撃でここを往復している。『菅沼家譜』，『新城加藤家文書』他による。
注4　両軍の死傷者について地元の通説で武田軍9千・連合軍6千等の数字があるが，資料らしきものはない。

(2) 馬防柵の位置と弾正山

　この戦いを特徴づける一つとして，陣の前面に設置された柵（織田・徳川軍）がある。両軍の衝突を語る殆どの文献が記している。

柵設置の意図　　柵設置のねらいは，「守りを固める」ということであろうが，これに関連して二つの記述がある。

・馬塞（馬防）之為…A①，E①，G①，I①	＊A①，D①…は次頁の略号による
・待ち構えるため……D①，F①，I⑥	

　「馬塞（馬防）之為」は，「馬を止める」「守りを固める」ということになるが，「待ち構えるため」には「守りながら鉄炮で攻める」の意図が読める。戦いの結果に基づいて記された戦記が，馬防柵のねらいを単に「守る」ではなく，同時に「攻め」の一面を語っているように思われる。鉄炮とのセットにおいて，馬防柵は「守り」と同時に「攻め」の役目を果たすわけで，地形を生かした設楽原布陣の特徴である。

ア　文献の記す「馬防柵」

柵設置の場所　　設置の場所については，「（連合軍）陣取之前ニ」「谷を前にあて」等とあるだけで具体的な記述は地元文献以外にはない。ただ，『松平記』に「勝頼の陣柳田のヤマには…柵の一重もふらざり」とあるので，そこから連合軍布陣が連吾川を挟んで弾正山側となり，そのふもと辺り，つまり連吾川右岸が柵の設置場所と推定できる。

- 地元文献の弾正山に対して，『信長公記』は布陣を「ころミつ坂の上高松山」と記している。
- 連吾川周辺については，地元文献の『長篠日記』が具体的に地名を記している。

　次は，馬防柵を記す各文献（地元外）の記述である。

写真 1-5　再建された馬防柵

馬防柵の記述（8文献の場合）	
『信長公記』A	① 家康公滝川陣取之前ニ馬塞之為柵を付させられ候 　　※建勲神社本には「馬防之為柵」 ② 四番…数千挺之弓鉄炮作之内に相構，足軽にてあいしらひ 　　※尊経閣本
『松平記』B	① 信長家康両手の陣の前に柵をしげくふり ② 勝頼の陣柳田のヤマには…柵の一重もふらざりけり
『当代記』C	① 陣の面に繁く柵を振，堅固相備 ② （敵…寄来処に，素両将の）陣所の前にさくをふり，向の原へ鉄炮の者数千丁指遣，敵の備へ打入の間
『三河物語』D	① 谷を前にあてて，ぢやうぶに作を付て待かけ給ふ所に ② 十万余之衆ハ作の内を不出して，あしがる斗出してたたかいけるに，信長之手エハ，作ぎわ迄おィ付て，其寄ハ引て入（る）
『信長記』E	① 馬に当てられては叶はじとて，先づ陣取の前に柵逆母木を丈夫に付け ② 柵際より十町計乗出し給ひて，勝頼が軍中へ大鉄炮を打懸け
『甲陽軍鑑』F	① 柵を三重ふり，切所を三ツかまへ，待うけての所へ，勝頼公一万二千の人数にて，かかりて防戦を御遂候に ② 馬場美濃守七百の手にて佐久間右衛門六千斗を柵の内へ追こめ ③ 上方勢は家康衆のごとく柵の外へ出ざる故，真田衆かかって柵を一重破るとて大方討死（以上「品52」） ④ 五月廿一日…三時ばかりたたかふて，柵の木際へをしつめ ⑤ 右の方土屋衆…信長家の家老佐久間がかたの柵の木を二重まで破るといへども…敵は多勢…柵の木三重まであれば城ぜめのごとくにして，大将ども尽鉄炮にあたり死する。（以上「品14」）
『家忠日記増補』G	① 甲州士ハ馬上の達者たる故，柵をゆふ事三重，鉄炮三千挺を撰集て佐々内蔵介成政…
『武徳大成記』H	① 我軍前ニ柵ヲ結ヒ，数千ノ銃手ニテ柵内ヨリ打殪ント夜ル衆卒ニ命ジテ柵ヲ植シメ ② 其柵三十歩ニ各一口ヲ開キ竪ニ柵ヲ植ルコト数十歩也 ・・・ 柵ヲ縦横ニ設テ

前頁の８文献に対し，地元文献の記述である。

『長篠日記』Ⅰ　　※下線部は『信長記』と，波線部は『甲陽軍鑑』と同じ。

①馬ニ当ラレテハ不叶トテ，先陣取ノ前ニ柵ヲ二重ニ付ル

②川路連五ノ橋ヨリ浜田ト云所マデ…，樋橋ヨリ大宮辺迄付タリ

③其中ニ城戸ヲ拵ヘ，人馬通自由ヲモウクル能働也

④（引付テ放せヨト下知シ玉ヒテ）柵キハヨリ十町計乗出シ玉ヒ軍中ヘ大筒ヲ放掛

⑤馬場ハ…佐久間六千計ノ人数ヲ柵ノ内ヘ追出シテ

⑥米倉丹後，柵ヲ引破ラント相働，三州衆…間近ク引付鉄炮ヲ放シ掛シカバ

⑦真田ワ馬場ト入替リ柵ヲ一重破ル。兄弟トモニ深手ヲ負討死也

柵設置場所について『長篠日記』が二か所を記している。

　　①連吾川沿い「川路連五ノ橋ヨリ浜田ト云所マデ」

　　②大宮川沿い「樋橋ヨリ大宮辺迄付タリ」
　　　　　　　　　といばし

元禄期の『続柳陰』Ｋにも次のように記されている。

・樋橋川　二ノ柵場，長篠記ニ委シ

・連五川　一ノ柵場，此処ヲ連五トハ，橋，藤ガ池，釜潭，薬師堂…

・ハンバ川ト云アリ。此時ノ三ノ柵場也。然レドモ是ニハ柵ナシ

ここでいう「一ノ柵場」「二ノ柵場」の字句は『長篠日記』には見られな
い。別の『長篠記』があることになる。[注1]

地元文献『菅沼記』Ｊも，柵の位置は連吾川である。

・両大将…長篠ノ後詰ヲ被成。川路村ノ西ハ河ヲ前ニ柵ヲ附ケ備ヲ立給フ

・河ヨリ此方，大手ハ河路連子ノ橋ヲ堺ニシ，北ヘサシ河ノ岸に高サ八尺ニ柵ヲ附

・其内ニ上ゲジヤウ（城戸）ヲ構フ，人馬通自由ニシテ能働センタメ也

「川路村ノ西ハ河ヲ前ニ柵ヲ附ケ」と記し，後段で「連子ノ橋」と記して
いるので，連吾川になる。

　柵の設置場所は，設置目的を考えると，そのまま両軍の交戦ラインを意味
する。その証に，柵設置が記されている「連吾川」周辺で14個の鉄炮の玉
が発見されている。

第一章　戦いの舞台に立つ

柵の仕様　　　　　　柵の作り方とかその大きさ・形状についての記述はわずかである。先の文献では

・『信長記』E………「柵逆母木（さかもぎ）を丈夫に付け」

・『甲陽軍鑑』F……「柵を三重ふり」　　※『家忠日記増補』にも

・『武徳大成記』H…「岐阜ヲ発スルトキ…柵ノ木一根縄一車ヲ持シ」
　　　　　　　　　　「其柵三十歩ニ各一口ヲ開キ」

・『長篠日記』I……「柵ヲ二重ニ付ル」
　　　　　　　　　　「城戸ヲ拵ヘ人馬通自由ヲモウクル能働也」

・『菅沼記』J………「河ノ岸に高サ八尺ニ柵ヲ附」
　　　　　　　　　　「其内ニ上ゲジヤウ（城戸）ヲ構フ」

これらをまとめると，次の4点になる。

・柵を	→ 二重・三重にした…………………………	ＦＧＩＫ（Ｂ）
・柵に	→ 城戸（口）を付けた……………………	ＨＩＪ
・柵の高さを	→ 八尺（ほど）にした……………………	Ｊ
・柵の木は	→ 逆母木（先を尖らして）にした…………	Ｅ

・柵の構造（城戸）にふれているのは，『長篠日記』等地元文献である。

・柵木や縄の準備を記すのは，『武徳大成記』のみである。

武田側の記述である『甲陽軍鑑』は，長篠日記系に近い形で柵の三重構造にふれているが，柵で苦しんだ記憶が「どのような構築か」についてわずかだが記させたのだろうか？

具体的な仕様は分からないが「柵は二重・三重」で「ところどころに城戸」があったと見てよい。

「二重」の柵　　　　　ただ，「二重」「三重」がどう「二重」なのかは，文献の記述だけでは分からない。例えば，『続柳陰』では「連吾川　一ノ柵場，樋橋川　二ノ柵場」と川筋で二重・三重のように読めるが，『甲陽軍鑑』が嘆く「二重・三重」はそのようには読めない。勿論，『続柳陰』の記す「二ノ柵場」は，当時交通の要衝であった樋橋に連合軍が予備の柵を用意したと読み，「連吾川の一ノ柵場」の中で「二重」になって

35

いたとも読める。「柵場」という言葉は，その意味であろうか。

『松平記』の「勝頼の陣…一重もふらざりけり」は，連合軍の柵が「二重」「三重」であったことを前提にしているわけで，その意味からは，一つの柵場の中の「二重」と読める。

いずれにしても，陣所の前にある程度「堅固な柵」が作られたことは，全文献の共通項である。馬防柵の内側から鉄炮で攻めてくる相手は，武田軍にとって簡易な「城」の守備隊であり，攻めにくさを伝えているといえる。

イ 「城ぜめのごとく」と言う弾正山の地形と「馬防柵」

『甲陽軍鑑』がいう「柵の木三重まであれば城ぜめのごとくにして」は，連吾川左岸布陣の武田軍にとって，連吾川の西数十ｍの弾正山(だんじょうやま)を利用して相対峙する織田・徳川連合軍の構えや動きを指していることは間違いない。

両者の位置関係を実際の地形で確かめるために，設楽原戦線最南端の連吾川鉄橋に近い上空から俯瞰したのが下の写真である。

写真 1-6　南側から見た古戦場の二つの台地

この写真で，弾正山南端部と信玄台地の位置関係はよくわかるが，弾正山台地の全体的把握は無理である。そこで，この俯瞰写真を，地図上で近い形に試みたのが次の図1-8である。地図の東西軸に対し南北軸を1/3に縮小して表示した。一点放射のレンズの目に対し，ライン照射の形をとる南北軸の縮小は，片側部分の変形が違ってくるが，相対的把握はよくなる。

これを，連吾川左岸側の信玄台地方面（上空），つまり武田軍布陣地方面

第一章　戦いの舞台に立つ

から見たのが下の写真である。少し高度を上げたために地図に近い感じで、弾正山一帯が周囲の平原に浮かぶ島状の部分として捉えられる。

図1-8　南側から見た古戦場の二つの台地（変形俯瞰）

この弾正山一帯への攻撃は、当に「城攻め」を思わせる地形である。

写真1-7　「オノ神」上空から見た弾正山

　両軍を隔てる連吾川については、その両岸は当時もかなり水田が開かれていたことが分かっており、それらが城郭周囲の外堀の役目を果たしているように見える。その水田と連吾川、弾正山（台地）周辺の馬防柵を考えると、『甲陽軍鑑』の記した「城ぜめのごとくにして」の嘆きは実感として伝わるものがある。弾正山を後ろに控えた連吾川沿いの馬防柵の位置がどこであったかが、改めて問題である。

　地元の「設楽原をまもる会」と連携する「馬防柵を愛する会」では、毎年冬季に再現馬防柵の改修作業を行なっており、その関連で馬防柵設置の位置

や柵木の仕様について検討している。次はそのまとめの一部である。

柳田前の馬防柵　連吾川戦線に設置されたであろう柵については、川沿いの水田の有無、そのあり方などで設置の位置が影響を受ける。時期的に一面満水の水田を前にしては、柵をつけなかったはずである。現在の再現馬防柵のある柳田前の連吾川沿いについて、具体的な位置想定は２点。

※「二重」「三重」については、前述の「一の柵場」の中の「二重」の設置と考え、ここでは「二の柵場」については触れない。

① 連吾川右岸に沿った川岸の柵
- 基本的にはなかったと考える。川の存在そのものが、第一の守りの構造物である。『長篠日記：宗堅寺本』の布陣図には川の両岸に柵が付けられているが、防御施設としては台地の山裾ではなかったかと思う。
- 川岸に柵を設置すると、水田の有無にかかわらず全面設置になるが、そこに水をたたえた田があればその柵は機能しない。

② 台地の山裾側に設置した柵
- かつて弾正山台地の裾には、等高線にそうように乗久根溝（のりくねみぞ）等の水路が走っていた。その後の土地改変であちこちが分断され、用水としての機能は失われたが、まだその跡がかなり残っている。注2
- 現在の馬防柵再現地の柵のすぐ東側の一段低い所に、江戸期の早い時期に作られたという乗久根溝跡が残っている。ここは平成２年に完成した圃場整備事業から外れていたために、古い地形がほぼそのまま残っている。
- 柵はこの溝の上段に設置されたと考える。ここならば台地裾から少なくも10m幅の平地が確保でき柵の内側から相手を鉄砲で攻撃できる。

写真 1-8　江戸初期からの「乗久根溝」

想定1　川と台地の間に水田がない所は，台地の裾近くに二重に柵を設置
- 『三州長篠合戦記』に「二重三重の乾堀を掘て，土居を築き，…虎口を設け，目通一尺辺の木を」とあるが，堀の記述は他にはない。[注3]
- 「二重」は場所によってであろう。

想定2　川と台地の間に水田があれば，田と田の間に柵を台地側に設置
- この時期（旧暦5月21日前後）の田はまだ満水の時期で，田に入って進むことは不可能である。連吾川沿いは昔から深い沼田で知られている。[注4]

写真1-9　二重の柵

連吾川沿いの【馬防柵】建設は，織田・徳川軍が防御の態勢で決戦を迎えるという意思表示である。この2kmにわたる「柵」に武田軍が突入した時，双方の衝突ラインとなり鉄炮の威力が発揮される。

注1　『長篠記』に近いものとして「成就院長篠記」と「塩瀬久兵衛長篠記」があるが，『長篠日記』と同系統の内容である。『長篠記』を表題とする著述は見つかっていない。

注2　「乗久根溝」は，『柿の種：連吾川の新川323年』（峯田十光）p.503による。

注3　「二重三重の乾堀を掘て，土居を築」と記す『三州長篠合戦記』は，『長篠日記』系としては地名の取り違えが目立ち，記述に疑問が多い。

注4　沼田の存在は，地元の伝承（『柿の種』他）による。

コラム：古戦場の風景
古戦場⑤

"設楽原"顕彰の「牧野文斎」

そこかしこ　顕彰碑たてし　牧野文斎　天王山（八束穂）

　古戦場かるたの一句である。句にある「牧野文斎」は，明治元（1868）年東郷村八束穂の信玄に生まれ，やがて三河有数の名医として世に知られるようになり，経営する「信玄病院」は，門前市をなす程の隆盛を見せた。後年妻女に先立たれてより，郷土史や設楽原の戦いに興味を持ち，医業のかたわらその研究に心血を注いだ。

柳田國男も評価
　町を拓き，時代を開いた牧野文斎の志を，柳田國男が『秋風帖』の中で高く評価している。それは，医師文斎が，大正4年，「地方青年諸士の為」にと，2万冊所蔵の牧野図書館を独力でオープンさせたことが大きいと思われるが，驚くことに文斎自身がこの蔵書を駆使して，「長篠合戦」の根幹は「設楽戦史の研究に在り」と，2500枚を越す三部作「戦国時代史論」「長篠戦史考」「設楽史要」の原稿を残しているのである。何れも未完で，欠落もあり切り継ぎも多いが，それだけに研究・推敲のあとが分かる。

　※　「長篠戦史考」と「設楽史要」の欠落分を補う形で368頁にまとめたのが文斎遺稿の『設楽原戦史考』である。

顕彰碑建立とその後
　文斎は，大正3年から昭和初期にかけて，地域の有志と古戦場顕彰会を興し，43の案内石標と13の陣没武田武将碑を新たに建てた。昭和5年，東三河の教育界に呼びかけて，113の戦国将士の位牌を作り忠魂堂に安置した（現在：勝楽寺）。
　それから70年，牧野泰之氏（文斎孫）が関係した信州・真田鉄砲隊の連絡がきっかけで，毎年7月第一日曜開催の「設楽原決戦場まつり」に，全国各地の火縄銃愛好・研究団体の協力をいただき特別演武が行われている。

今泉研吾（設楽原をまもる会会長）

第一章　戦いの舞台に立つ

(3)　当時も水田地帯

　決戦当時，両軍衝突ラインになった連吾川流域に水田があったかどうかは，両軍の衝突のあり方を左右する重要な視点である。川沿いに旧暦５月の水田が広がっていれば，そこに軍勢が並べないので千挺ずつの３千挺一斉射撃という解釈は本来生まれてこない。

　地元のこれまでの調査で，流域平均で現在の70〜80％の開田は確かである。この連吾川流域の水田について検証する。基本資料は慶長検地帳である。
注1

ア　慶長検地帳からみた当時の水田状況

　この地域の各村は，決戦後29年目の慶長９年（1604）の７〜８月にかけて検地帳の作成を終え，田畑ともに上・中・下の三段階で出来高の推定をしている。当時行われていた新田開発を考慮しても，水の確保が前提となる水田が天正３年頃と大きく変わることはないと考えている。

竹広村の水田面積

　慶長の「竹広村検地帳」に記されている水田の一部をあげる。

田　方（全102筆）			
明く里田	中	1反4畝22歩	五郎太夫
同	中	1反1畝15歩	左衛門六
中田	中	1反3畝17歩	彦十郎
志ん津	下	4畝	久八郎
同	下	5畝26歩	彦介
五反田	中	7畝1歩	作ノ次郎
八つ田＊	上	1畝8歩	志ゆんち
のりくね	上	1反3畝26歩	衛門太郎
同	下	2畝2歩	彦介
同	下	1反2畝11歩	三郎四郎
井下	上	2畝21歩	宗介
れんご	上	6畝	宗介
同	上	5畝8歩	彦右衛門
畠　方（全199筆）			
中畠	下	1畝10歩	左衛門六
の口	下	1畝10歩	左衛門六
の地	下	4畝	助十

☆末尾に記されている集計
上田合　　3町2反7畝25歩
中田合　　2町　6畝27歩
下田合　　2町　8畝4歩
田合　　7町4反2畝26歩
※この他に，荒田下合が
　　2反6畝28歩

上畠合　　4町1反6畝6歩
中畠合　　1町　7畝23歩
下畠合　　1町3反6畝3歩
畠合　　6町6反　2歩
※この他に，荒畠合が
　　1町3反3歩

41

これら田の合計は7町4反，平成7年調査の12町4反の60％になる。[注2]

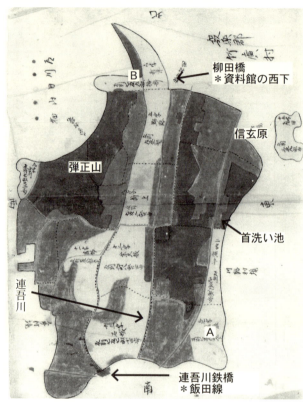

・竹広の田の合計7町4反の内，首洗い池南の横手・藤波地区の田（A：全体の1/5弱）は連吾川流域ではない。

・首洗い池南側の田Aと新津の一部（左図最上部の左側凸部分B）は，現在は水田ではないが他はほぼこの地図に近い。

・田…白地
　（原図は黄）
・畑…灰色地
　（原図も灰色）
・山…黒地
　（原図も黒）
・道…原図で赤線
・川…原図で黒線

図1-9　明治6～8年の竹広地区の田畑図

明治初年のこの地図で見られるように，竹広地区の水田はほとんど連吾川右岸の川沿いである。現在も左岸側は少し小高く畑が多い。

※1　上図で連吾川と表示してある川筋（北に伸びる細い黒線）は寛文7年（1667）に柳田で分流して作られた連吾川新川である。（『東郷村沿革誌』）

※2　分流以前の古川は，現在の連吾川と新川の間を現在の川筋寄りに流れていたようである。（峯田十光『柿の種』）

新川の分流　　下流地域の川路方面への水利として行われたことは確かであるが，それは同時に古川右岸に比べて少し小高かった左岸の水田化を進めることにもなり，ほぼ現在の開田状況に近い姿ができた

第一章　戦いの舞台に立つ

と考えられる。

須長村の水田面積

次は「須長村検地帳」に記されている田畑の一部である。

上田	かいつ下	1反4畝22歩	作八郎
中田	同	1反1畝15歩	作右衛門
上畠	同	1反3畝17歩	藤助
上田	なわてぞい	4畝	助左衛門
上田	同	5畝26歩	助左衛門
中田	高あぜ	7畝1歩	与兵衛
中田	同	1畝8歩	与作
上田	八つさわ	1反3畝26歩	二郎右衛門
上田	同	2畝2歩	助左衛門
中畠	同	1反2畝11歩	二郎右衛門
下田	はまだ	2畝21歩	五郎太夫
上田	同	6畝	五郎太夫
中田	井ノ上	5畝8歩	金左衛門
下田	くすの木下	1畝10歩	金左衛門
中田	同	1畝10歩	六郎右衛門
下下田	清水	4畝	九朗四郎
上畠	寺のまへ	1畝12歩	九朗四郎
中畠	杉の入	4畝6歩	九朗三郎

上田合	8町	7畝14歩
中田合	3町9反5畝28歩	
下田合	2町7反8畝7歩	
下下田合		4畝16歩
※荒田		11歩
田合	14町8反6畝16歩	

上畠合	3町	2畝16歩
中畠合	5反9畝8歩	
下畠合	4反6畝27歩	
下下畠合		6畝3歩
※荒畠等	6反8畝5歩	
畠合	4町8反2畝29歩	

これら田の合計は14町8反，平成7年調査の14町7反と変わらない。

計測上の問題は別にして，これは須長地区特有の傾向と思われる。この須長は連吾川の源流である雁峯山の山裾にあるため，減反政策や山中に近い田んぼが農業機械の導入とともに耕作されなくなったこと・山林にもどされたことなどで，昭和30年代後半から水田面積が減少に転じてきた結果である。

※1　須長村は慶長10年（1605）に須長・名高田・森長の3村に分かれ，明治9年（1876）に3村は合併し再び須長村になった。

※2　そのため，慶長検地帳は分村前の須長村のデータで，明治期の「須長村誌」の数字も再合併後のもので分村の数値ではなく，比較が可能である。

| 竹広地区に比べて① |

水田面積は2倍だが畑面積は70％程度と少ない。山からの水が豊富で，山際の耕作地が早くから水田化し，その分畑が少ない。

43

次は，文化13年の名高田村（須長3村の内，南側の村）の絵地図の一部である。

※この図では，名高田村東部の浅木村・宮脇村と接する部分を略している。

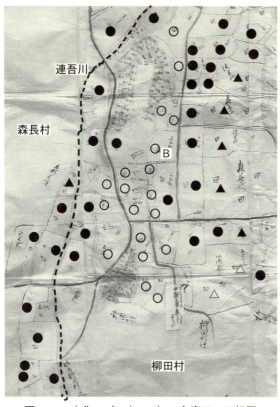

図の見方
●…名高田村の田
　（原図では黄色）
▲…隣の須長村，森長村の田
○…名高田村の畑
　（原図では黄色）
△…隣の須長村，森長村の畑
黒色太線…村の道
　（原図では赤色）

- もともと同じ須長村であったのが当時3村に分かれていたので，名高田村の土地の中に森長や須長（分村）に住む人たちの田畑が混在することになった。
- 須長地区の特徴である。

図1-10　文化13年（1816）の名高田の田畑図

竹広地区に比べて②　竹広村の水田は，概して連吾川右岸の低地が中心で，左岸（新川の場合）は畑地である。名高田村の場合も，右岸は水田で左岸は畑の傾向は上図で見るようにとりあえず同様である。ところが，名高田村の場合は左岸の小高い部分が東へ進むにつれて低くなり，信玄台地との間に平地が広がっている。その平地の多くが水田である。名高田村東南部の特徴で，その南側の柳田村に入ると信玄台地が西側に張り出して再び平地がせばまっていく。

名高田村東南部の水田を支えているのが，松葉（小字）の溜池「二つ池」である。

イ　連吾川流域の当時の開田率

両軍の衝突ラインとなった連吾川流域は，竹広村の大部分，柳田村の全域，須長村の全域，大宮村の一部で構成されている。それぞれの村の水田面積は，竹広・須長・大宮の各村は慶長検地記録が残っており，柳田村については『東郷村誌』に石高が記されているので，その数字から水田面積を推定した。川路村は連吾川流域の最南端で，馬防柵設置はなかったと推定し，資料から外した。

　※この項は，夏目利美氏（設楽原をまもる会）の平成13年7月の論稿を中心に
　　まとめたものである。

須長村・柳田村は全域，竹広村は大半が流域であるので，これらの水田面積から連吾川流域のおよその水田状況がわかる。これに大宮村の一部が加わる。

	慶長検地帳（1604）	明治調査（1878）[1]	平成調査[2]
竹広村	7町4反2畝	12町3反6畝	12町4反8畝
須長村	14町8反6畝	18町9反3畝	14町7反7畝
大宮村	13町1反5畝	18町3反3畝	
柳田村	3町4反（68石）[3]	4町4反（72石）[4]	

　※1　明治18年6月頃，各村が愛知県に提出した「村誌」控による

　※2　平成7年2月の「新城市の農業」による

　※3，4　検地帳記録と『東郷村誌』の数字から，比例計算で推定算出

慶長期の開田率（%）　平成から見た慶長の開田率は，連吾川下流の竹広で60%，上流の須長地区ではほとんど変わっていない。これを流域平均でみると80%近い開田率になる。明治調査（3村合計）から見た慶長の開田率は71%，これに推定の柳田村を入れて算出しても72%とほぼ同じである。つまりこの連吾川流域は，現在と比べて7割から8割の水田面積があったとみることができる。

石岸遺跡（左岸，須長）の倉庫群

愛知県埋蔵文化財センター調査報告書の第195集「石岸遺跡」（平27）によれば，連吾川沿いの須長石岸地区には米の収納倉庫（奈良時代）跡と考えられる遺構がある。

図 1-11　石岸遺跡周辺の地形
（石岸遺跡報告書による）

- 「総柱建物であることを鑑みれば，極めて公的な倉庫を帯びた倉庫群の一部と考えるのが自然。：p.51（B区の遺構）」
- 「石岸遺跡が載る微高地は，遺跡の西側を南北に伸びる独立丘陵の東斜面にあたる。：p.140（総括，8世紀中葉～）」
- 「石岸遺跡周辺の水田地割：p.140」「総柱建物の柱穴の最も東寄りの所は標高82.2mで近世の水田耕作土が認められる：p.28」

この「奈良時代にすでに大型倉庫群が存在した」ということは，水田耕作との関連で稲作用の倉庫とみることが自然である。それは，竹広・須長地区の戦い当時の水田面積が現代の7～8割程度という数字を裏付けていると読める。

※上図のB区（大型倉庫群）の位置は，44頁の名高田の田畑図1-10のB点付近で畑地。調査範囲は狭いが，報告書の記すデータ（西側の微高地，東側の自然流路跡）は，名高田の西側は畑・東側は水田という実態と整合している。

弾正山東側の連吾川に対して西側を流れる大宮川流域の松尾神社についても，水田に関係する古い記録や遺構があり，この地域の水田開発はかなり早い。

- 松尾神社荘園と武士の争いに対する建久7年（1196）の頼朝書状がある。
注3

第一章　戦いの舞台に立つ

・神社前に僅かだが条里制の遺構（短冊型に地割りされた細長い田）が残
　されている。

水田を避けての馬防柵配置

　連吾川流域に広がる水田面積の数字は，両軍が，田植直後で満水の川
沿いの水田を避けて戦ったことを示している。織田・徳川両軍は，水田
を考慮して馬防柵を設置したはずである。満水の田は，小川と違って泥
の沼で足を取られる。

・配置場所は，川沿いの堤防に当たる辺りか，水田地帯を外して弾正山の
　すそになる。途中の配置は考えにくい。
・標高が上がって水田のなくなる山裾は，その前に水田があれば柵設置の
　必要がないので，そこを外して要所要所への配置であったと思われる。

注1　『慶長九年検地帳集成』（新城市，昭和41年）による。柳田村面積は，石高から比
　　較推定した。
注2　『新城市の農業』（平成7年，新城市農業委員会調査）による。
注3　『松尾神社社蔵文書目録』の第三号文書「源頼朝下知状」で，訴訟に対する幕府の
　　裁断。

⑷ 決戦の古戦場の呼称

　５月とともに始まった武田軍と長篠城の攻防は，18日，織田・徳川軍の設楽原到着で両軍の全面衝突へと急展開していく。

　この決戦の舞台となった場所を，太田牛一の『信長公記』が「あるミ原へ打上」と記したので，「当時の呼称は"有海原"」という見解があるが，そこは当時もその後も"有海ではない"。そのような古戦場の呼び方は地元では考えられないが，戦いの舞台が移動したことを伝えたのであろうか。

　ここで，『信長公記』と他文献を比較しながら，古戦場の呼称を検証する。

　○使用する文献は

- ・『信長公記』『甲陽軍鑑』『三河物語』『松平記』『当代記』を基本に，『信長記』『家忠日記増補』『武徳大成記』等。
- ・地元史料として，『菅沼家譜』『菅沼記』『長篠日記』『続柳陰』『参河国名所図絵』『蓬宇日次記』等。

ア　『信長公記』に記された古戦場

　信長の布陣は「一段地形くぼき所」の"設楽郷"であるが，家康ら両三人の布陣と武田軍の布陣では「あるミ原（有海原）」を二回記し，有海原に関連する地名として「ころミつ坂」と「高松山」をあげている。

---

①家康公ころミつ坂之上高松山に陣を懸させられ，瀧川左近 羽柴藤吉郎 丹羽五郎左衛門 両三人左へ付て，同あるミ原へ打上，武田四郎に打向，東向に備られ…

②武田四郎 瀧澤川を打越，あるミ原三十町計踏出シ，前二谷をあて…一万五千計，十三所に西向に打向備，互に陣之あひひ廿町計ニとり

③信長ハ家康公之陣所に高松山とて小高キ山之御座候に被取上，御敵之働を御覧シ，御下知次第可仕之旨 被仰合

　『信長公記』が連合軍布陣として記す「有海原」を，同様に記すのは『信長記』『三河物語』『武徳大成記』である。「ころミつ坂之上高松山」の記述は『信長公記』系だけである。

第一章　戦いの舞台に立つ

○『信長記』
- 十八日に（信長）志多羅（設楽）の郷極楽寺山に御本陣を…信忠卿は御堂_{みどう}山に陣…家康卿はころみつ坂の上高松山_{やま}に野陣を懸
- 秀吉〜長秀は，あるみ原に向うて陣を張り，其の外十三段の備
- 勝頼…滝沢河を越し向の原に陣を取れとて二十余町踏出し陣を

○『三河物語』
- 十万余にてある見原へ押出し，谷を前にあててぢやうぶに作を付て
- 勝頼ハ纔二万余にてたき河之一ツ橋之せつしょ（切所）を越……一騎打の處を一里半越て押寄て之合戦也

○『武徳大成記』
- 十八日信長軍ヲ設楽ノ極楽寺ニ進ム，信忠ハ…，神君高松ニ陣シタマフ，羽柴秀吉瀧川一益丹羽長秀荒海原ニ陣ス，別将十三部高ニ據テ備ヲ設ク
- （勝頼）諸部ヲ率テ瀧澤川ヲ渡リテ原上ニ陣シ備ヲ設ルコト十三次，水ヲ背ニシテ決戦セントス

〔『信長公記』とは異なる「有海原」を記しているもの〕

○『菅沼家譜』，『菅沼記』
○『長篠日記』，『總見記』
○『続柳陰』，『参河国名所図絵』

> 何れも滝川（寒狭川）沿いの有海地内の特定の場所を「有海原」としている。

〔「有海原」を記さないもの〕

○『甲陽軍鑑』・『当代記』（「向の原」を記す）
- 『当代記』は「素両将の陣所の前にさくをふり，向の原へ鉄炮の者数千丁指遣，敵の備へ打入の間，毎度中之」と記している。

○『松平記』（「八釼高松山」を記す）
- （信長）設楽郷極楽寺山に本陣を…家康の本陣ハ八釼高松山と申所也。…勝頼の陣柳田の山にハ俄にかまへしかハ

○『家忠日記増補』（「八釼高松山」を記す）
- 十八日　信長…設楽郷極楽寺山に陣ス…公八釼高松山に陣取給ふ
- 廿一日黎明，武田勝頼壱万余騎引率して滝沢川を渡りて弐拾余町出張し陣を分る事十三段，公並信長に向ふ

検討1　「ころミつ坂」と「高松山」の存在

『信長公記』の記す「ころミつ坂」は，現在も有海地区の一小字である

49

「小呂道」の最高点近い「ころみち峠」から「坂下（さかした）」（小字）に下る400 mほどの赤土（きよいだ）の坂道である。清井田から峠までの地形は，企業団地造成で現在は跡形もないが，東側の坂下への道はほぼ昔の面影を残している。

図1-12　S33年新城都市計画図

坂も「ころみち」（小呂道）の地名もあるが，「高松山に陣を懸」の高松山の呼称は現在はっきりしない。文献では，江戸中期の『続柳陰』にある。

清井田村	追分アリ，一方右ノ方ハ三河白ノ砥出ル川合山道（みかわじろ・と・かわい），是ヨリ長篠ノ古城大手口マデ二十五町三十間アリ
有海村	高松山 コロミツ坂 信玄縄手 岩代ノ渡リ（いわしろ）鳥居強右衛門塚…ナドヘ近シ　※信玄縄手：坂下から川へ続く田の間の道

この並び順は，「追分（下々の）（おいわけ）→（清井田）→高松山→コロミツ坂→（村）→岩代ノ渡リ→長篠古城」という長篠への道筋であり，「鳥居強右衛門塚・甚右衛門塚ナド」有海村の紹介になっている。

昔の地形が読める上の地図と『続柳陰』の記述で，標高標示111（m）のあたりが高松山と推定できるが，「ころみち峠」の位置は旧道筋から2通り考えられる。「ころころと小石が転がる急な坂道」という有海地区のいわれからはころみち峠②になるが，坂も当時から急坂と回り道坂の2通りあったように思われる。

この文献上の高松山につながる大正期のできごとを，地元の鈴木太吉氏が

記録しており，有海の大きな古松（高松）の存在を示している。[注1]

検討2 「ころミつ坂…家康布陣」の疑問

「ころミつ坂・高松山」の地名は確かであるが，家康布陣は疑問である。

というのは，①で「家康公ころミつ坂之上高松山に陣を懸させられ，瀧川・・・両三人　左へ付て，同あるミ原へ打上」と，連合軍の主力が長篠城西境を流れる岩代川から6〜8町のところに布陣したと記している。

ところが，②では，「武田四郎　瀧澤川を打越，あるミ原三十町計踏出シ，前二谷をあて…一万五千計，十三所に西向に打向備，互に陣之あひ廿町計ニとり」と記し，武田軍の布陣が家康ら布陣の裏側になってしまう。

これは，家康布陣地と記された「ころミつ坂」「高松山」という有海を象徴する地名を，その西に位置するよく似た地形と同一視もしくは取り違えていれば起こる。

手がかりは，②の「あるミ原三十町計踏出シ，前二谷をあて」で，この谷にあたるのは，ほぼ二十町西の五反田川と三十町西の連吾川のどちらかになるが，『松平記』に「勝頼の陣柳田の山にハ俄にかまへ」とあることから，この川は柳田の西側を流れる「連吾川」になる。とすると，武田軍の柳田山に対する「弾正山」が家康布陣地となる。これは，地元の伝承と合致すると同時に，地元の各地に点在する武田軍の武将塚の位置とも整合する。

以上から，『信長公記』は，有海の「ころミつ坂」「高松山」の両地名の場所を他の場所「弾正山」と同一視して，布陣を記している。つまり，実在の位置を大きく誤って把握した結果と読める。

検討3 高松山と弾正山

「ころミつ坂」は，特異な呼称なので位置を間違えたとしても，名称の紛らわしさは起こらない。対して，セットで記されている「高松山」の呼称は紛らわしい。というのは，昭和30年代以降の里山開発や大正期以降の杉檜植林政策のために今では見当もつかなくなっているが，この地域の地勢感覚は60年程前までは松の木を基本に語られていたからである。

かんぼう山の「涼み松」，鳶ヶ巣山の「鎧掛ノ松（よろい）」，山形の「胴切ノ松（やまがた）」，

信玄塚の「大松・小松」，大宮の「境松」，川路夜灯の「一本松」，下々の「山内松」，大海口の「ヒラ松」などはその例である。

　前項で述べた「弾正山」（『信長公記』の「高松山」）については，地元の報告史料が二つの地名をあげている。

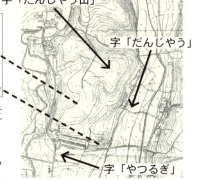

図1-13　弾正山台地南端

```
明治十八年『竹廣村村誌』（郡長への報告）
・八釼山　村ノ北方ニ在，高十七丈周囲五町，
　東ハ本村ニ属シ
・断上山　村ノ東小山ナレドモ…家康懸陣セシ
```

神社奥の八釼山と台地東端の断上山（弾正山）の二つである。注2

　八釼山とはその一角に「八釼神社」があるからであろうが，もともと弾正山との区別ははっきりしない。

　家康布陣地として「高松山」と「八釼高松山」の記述がある。

・「高松山」…………『信長公記』『信長記』『四戦紀聞』『武徳大成記』
・「八釼高松山」……『松平記』『家忠日記増補』（『三戦記』）

「高松山」が「八釼高松山」となると，有海原の高松山ではなく，「八釼山」か「八釼神社」関係の場所となり位置が決まる。「八釼高松山」についてこれ以外のことは分からないが，地区の伝承に「大きな松」を伝えるものがあり，「高松」の名をつけるにふさわしい松があった可能性がある。

・『八釼神社由緒』（竹広区所有）に「千歳の松」とある
・『続柳陰』の広全寺の項に「粕塚ノ麓…大木ノ松ノ根」とある。
・幕末の『参河国名所図絵』に「大樹松　昔ありしに今はなし所未詳」と。

　八釼神社社守の峯田十光氏は，「昔ありしに今はなし」を「千歳の松」のことだと話されたが，「八釼高松山」の呼称とつながる。

古戦場の地形　　この戦いの場所は，北側のかんぼう山系から流れ出る小河川とその間の台地で構成されている。

52

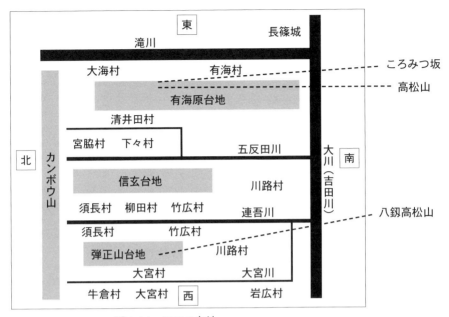

図1-14 三つの台地

　援軍の目的地である長篠城の西側の大河対岸にある村が「有海」，その先の台地に上る長い坂が「ころミつ坂」，頂上あたりの高台が「高松山」，更にその西側に広がる丘陵地帯全帯が設楽郷であること等は，事前に確実な情報として信長・家康に伝えられていたはずである。長篠城の奥平とともに地元の設楽貞通や菅沼定盈が徳川方として参加している。

　だが，突然この地にやってきた遠征者にとっては，地形把握が十分でないだけに，たとえば「八釼高松山」という情報が入れば，有海の高松山と混同してそこへのぼる坂を「ころミつ坂」と思い込む可能性は高い。起こりうることであるが，八釼高松山への坂は「ころミつ坂」とは呼べない。「ころミつ坂」は有海の村から西側の台地にのぼる坂である。

検討4　『信長公記』の「あるミ原」

　「有海原」を，『信長公記』は先の①②で連合軍と武田軍両方の布陣地として記している。

　①の「あるミ原」は，「（家康が）ころミつ坂之上高松山（に陣を置き），

（三人が左へ付けて）同あるミ原へ（打上）」と書かれているから、「ころミつ坂・高松山」が「有海」である以上「有海原」といえる。ところが、筆者は竹広と大宮地区にまたがる場所「弾正山」を「ころミつ坂之上高松山」としているので、実際の布陣地近辺には「ころミつ坂」はなく、そこは有海ではない。従って「同あるミ原」の「同」は正しいが、「有海原」といえる根拠はない。にもかかわらず「あるミ原」と呼ぶについては、有海を大きくはみ出した「あるミ原」が存在したかどうかの問題が、新たに起こる。

　②は、「武田四郎　瀧澤川を打越、あるミ原三十町計踏出シ、前二谷をあて」とあり、「あるミ原三十町計踏出シ」た先が「有海原」かどうかには触れていない。従って、ここは連吾川沿いの「竹広」ということになる。地元一級史料の『菅沼家譜』も「竹広」である。

> ※４年前の元亀２年春、秋山信友の武田軍が地元の設楽貞通・野田の菅沼定盈・西郷の西郷義勝らと、このあたりで戦っている。ここを『菅沼家譜』は「設楽郡竹広攻出…秋山引退」と記し、「有海原」とはしていない。

　高い松のある高台を、とりあえず「高松山」と呼ぶことは、遠征者側にとって起こりそうなことである。だが地元で、「有海」でない場所を「有海原」と異なる地名を冠して呼ぶには、それだけの事情がなければ起こらない。

　例えば、当時の集落相互の関係で石高が突出しているとか。慶長の記録で

　　　大海 149　喜多 54　有海 176　……………………（滝川右岸の村）

　　　浅木 172　宮脇 101　下々 50　……………………（五反田川筋）

　　　須長 247　柳田 68　竹広 169　川路 264　………（連吾川筋）

石高で突出した村はない。また村の拠り所でもある神社仏閣面でも特別な存在はない。有海地区の地形面の独立性から見ても、「有海の原」が地域全域を総称する地形的地理的状況はない。呼び方の記録も地元にはない。[注3]

　『信長公記』は、①②の他にもう一箇所「有海原」を記している。

第一章　戦いの舞台に立つ

> ④　彼あるミ原ハ，左ハ鳳来寺山より西へ太山つづき，又右はとび乃巣山より西へ打継ぎたる深山也　岸をのりもと川，山ニ付て流れ候
> 　両山北南之あひひ繼に卅町ニハ不可過，鳳来寺山之根より瀧澤川北より南，のりもと川へ落合候　長篠ハ南西ハ川にて，平地之所也

「あるミ原」の地形説明で，「長篠」を加えて5点を説明している。

　　a　左ハ鳳来寺山より西へ太山つづき，又右はとび乃巣山より…深山也
　　b　岸をのりもと川，山ニ付て流れ候
　　c　両山北南之あひひ繼に卅町ニハ不可過
　　d　鳳来寺山之根より瀧澤川北より南，のりもと川へ落合候
　　e　長篠ハ南西ハ川にて，平地之所也

この記述は，きわめて具体的で，特に視覚的な把握である。この感じを実感できる場所をさがしてみた。

信長近辺にいたであろう筆者の動きとして，先にあげた三つの台地について比較的眺望の利く（当時も）場所からの実地検証である。

写真 1-10　小呂道峠の松[注4]
（道の先は有海へ下る）

　1：有海原台地　　ころみつ坂に近い有海原台地の東端部から，東に広がる有海低地・長篠方面を見ると，この表現が極めて的確であることがわかる。現在も，この感じは変わらない。

　a：「右はとび乃巣山より…」が特に的確。「左ハ鳳来寺山…」の「鳳来寺山」が，「西へ太山つづき」の「つづき方」に切れがあり，実感はやや薄い。（「とび乃巣山」は鳶ヶ巣山）

　b・c：bの「のりもと川，山ニ付て流れ候」が，説明の情景としてストレートに感じる。cの「繼に（卅町）」には，「山ニ付て」の感じが残っている。

　d：遠征者の目として，「瀧澤川」への視線がより強く感じられるが，このとおりの情景である。戦いの出発点である長篠城が川の向こうに見え

ている。

　e：長篠は「南西ハ川にて，平地之所也」の記述も，簡潔で要をえている。続く「勝頼…何共不可成」という感慨から，ここの筆者の把握が決戦直後のものであることが分かる。

この時点での筆者の目は，眼下の「(狭い) 有海原」を見ている。

2：信玄台地　　信玄台地からの眺望としては，武田軍の戦地本陣が置かれた才ノ神の台地東端あたりになる。ここからは

　a・c：およその感じとしてつかむことができるが，「鳳来寺山より西へ」という感じはない。

　b：「岸を」の感じは出てこない。「舟着山ニ付て流れ候」が見えない。

　d・e：ここからの眺望では，見えない。

3：弾正山台地　　長篠城からここまで離れると，台地東南端の家康物見塚あたりでないと「鳳来寺山」の言葉が出てこない。だが，その位置でも，「彼あるミ原」に続く地名の大半が見えない。

　a：「かんぼう山」と「船着山」が目に入るが，「とび乃巣山」は影も見えない。

　b：「「山ニ付て流れ」の姿が見えない。

　c：見えない。

……つまり，④の記述は，「有海原台地東端」でしか書けない内容である。

写真 1-11　弾正山から日吉方面

以上，『信長公記』の記す①・②・④の「有海原」を考えたとき，記された「あるミ原」の示す範囲に，二つの見方がある。

ひとつは，①・②に見られる家康軍や滝川・羽柴軍が布陣した場所から長篠城対岸の有海地区までの一帯が「あるミ原」というもので，「ころミつ坂」と「高松山」をセットにしている。その「ころミつ坂」の位置把握に明白な誤りがあり，そこでいう「あるミ原」は有海である根拠が失われている。

これに対して，④の記述は，有海原台地東端の小呂道辺りに立つと目にする範囲内での古戦場の把握がきわめて正確である。正確だが，それは台地東端部からの眺望の範囲内にある有海地区のことで，狭い「有海原」である。その西側にある五反田川流域，さらにその西に位置する信玄台地等では得られない把握である。④の書き出しも「彼あるミ原ハ」と，①②の「あるミ原へ打上」や「あるミ原・・・踏出シ」とは異なり，一歩引いた感じで実際の「有海原」の把握が示されていると読める。

　『信長公記』の「彼あるミ原」の記述は，極めて的確な表現だがその示す範囲は「狭い有海原」である。

イ　地元で記された「有海原」

| 野田菅沼氏の場合 | ⇒『菅沼家譜』と『菅沼記』 |

　まず，当時この戦いに参加している菅沼定盈の孫「定実」の記す『菅沼家譜』と菅沼関係者による『菅沼記』をみる。

『菅沼家譜』
　・「（鳶ヶ巣から）三州勢競テ急キ滝川ヲ越ス，長篠ノ押トシテ小山田備中守昌行在海原ニ備タリ，三州勢ノ帰陣ヲ見ルト等ク引退」

『菅沼記』
　・「（鳶ヶ巣から）酒井…菅沼織部正ハ，甲州方配軍ノ躰ヲ見テ…我先ニト河ヲ越，有海原ヲ一文字ニ大海辺迄進ミケル」

　『菅沼家譜』には，筆者定実の祖父定盈の参戦した鳶ヶ巣攻めの内容しか書かれていない。その鳶ヶ巣攻撃隊が川を越えて，長篠城監視に当たっていた武田軍の小山田隊に向かったとき，相手は「在海原（有海原）ニ備タリ」という。地元を熟知していた当事者の直接関係者の記述である。

　『菅沼記』は，武田軍ではなく自分たち鳶ヶ巣攻撃隊が相手を追って「有海原ヲ」進んだという。『菅沼記』は両軍布陣の場所を含め本隊の衝突を一部記しているが，「清井田原」「河路」「竹広」の各地名を使っている。

　どちらも，「有海原」という場所を長篠対岸の有海の意味で捉えている。両書ともに記述は簡明で饒舌なところはない。当時の地元における「有海

原」の理解と読める。

　ほぼ同時代に書かれたと思われる地元の『長篠日記』も，

　　　　・（強右衛門）城ノ向有海原ニ磔ニ

　　　　・松平主殿岩代川ヲ越有海原ニテ…追掛ル

と同じ狭い「有海原」を記している。

地元の沿道案内記の場合 　⇒『続柳陰』と『参河国名所図絵』

『続柳陰』の場合

　　　　　　　　　　　寛文元年（1661）生まれの太田白雪（34歳から郷
　　　　　　　　　　土史に熱中したと自記）が記した『続柳陰』は，鳳来
寺街道の地理地名の説明で記述は簡明で当時の地名（呼び名）がわかる。

　　・（古戦場の地名）「弾正山 段上トモ 権現様御本陣」等

　　・（設楽氏関係）「設楽市場村　今ハ略シテ設楽ト云フ…道ノ傍ニ設楽越中
　　　ノ古城アリ」「広全寺元ノ境内ニ設楽兵庫殿ノ泉水ノ石」

　　・（有海方面）「有海村 高松山 コロミツ坂 信玄縄手…」等を記すが，「有
　　　海原」の語句はない。

『参河国名所図絵』の場合

　　　　　　　　　　　『続柳陰』と『長篠記』等の引用も多いが，
　　　　　　　　　　実際に訪ねて挿絵を入れた幕末の書である。

・設楽原　　武田勝頼…医王寺山を打立，設楽原といふ広野に打いで，前には谷を当 　　　　…長篠戦記に見へたり…前に挙る宮脇原大勢の討死は，蓋し此所歟
・篠場野　　岩代川を越れば此野にいたる，一に有海原とも又篠原とも云，…武徳集 　　　　成に羽柴秀吉・滝川・丹羽等荒海原に陣すと見ゆ
・下下村　　長篠へ行…有海 高松 コロミツ坂 信玄縄手 岩代の渡り…

　設楽原について「前に挙る宮脇原大勢の討死は，蓋し此所歟」と自身の見
解を記している。有海原については篠原と同一とする一方で，『武徳編年集
成』に連合軍布陣は「荒海原」とでているという。

　下下村の追分を右に折れて「長篠道」へ入ると…「有海高松 コロミツ坂・
…岩代の渡り」という。ここの「有海高松」は一語か二語かがわからない。

俳人「蓬宇」の日記では 　⇒『此夕集』 [注5]

『此夕集』は幕末期の吉田の俳人佐野蓬宇が，日記にその年の自作の句を

58

入れて1年1冊にまとめたものである。

　次の日記は，地名としての当時の「有海原」の位置がよくわかる。

> 五月七日　晴　　凡　三里　（慶応三年の『三十六集』）
> 新城を出たつ，宗高を過ぎ設楽村より大宮道に入る，石座神社拝礼　竹広・新間・
> 下々・清井田を過，有海原へ出，鳥居氏の古墳に拝礼　長篠古戦場一見…

　「清井田を過，有海原へ出」であるから，「清井田」は「有海原」ではない。有海村の集落を含めた一帯が「有海原」と読める。

　元治2年（1865）の『三十四集』では，竹広近辺の「弾正山，八劔の宮拝見，竹広里，山縣墓，首洗池」等をあげ，「下々村より長篠道に入，清井田，有海を過，有海原，鳥居墓」と記している。ここでは，有海の集落を過ぎて，川べりの原野を「有海原」と見ている。ここは小河川がなく，滝川水面から20m以上の高台で当時は大半が原野であったと思われる。

　◇　以上，当時にかかわり深い野田菅沼氏の記述から幕末の町衆の旅日記にいたるまで，地元での「有海原」の呼称はすべて滝川沿いの狭い場所を指している。両軍衝突の場所は，個々の地名で記される。

　◇　決戦場の地を「有海原」と呼んでいた痕跡は地元にはない。

ウ　古戦場一帯の地名は「設楽」

　織田・徳川軍と武田軍の全面衝突となった古戦場の呼称の紛らわしさには，当然いくつかの当事者事情が影響している。例えば，両軍の出兵事情の違いである。

　武田軍にとっては長篠城奪回作戦で，戦場は出陣目的の「長篠」である。

　対する連合軍の目的は「武田軍」である。総指揮官である信長は，戦後半年の間に記した大半の書状で戦いの場所を「三州（表）」「三信堺目」と記し，具体的な地名を記していない。[注6]

　信長のこの「三州（表）」「三信堺目」という記述は，当時このあたりが徳川・武田両氏の勢力圏の境目であったことによると思われるが，同時に決戦の場所が「長篠」から動いたという事実への対応と読める。

　『信長公記』はこれを受けるように，連合軍の布陣に"志多羅之郷（設楽

郷)" と "有海原" の二つの名をあげている。

| 戦いの文献面での「設楽」 |

「設楽」の文字は，<u>延喜3年（903）の「設楽郷」（和名抄）</u>に始まるが，ここでは，戦いを記す各文献での地名「設楽」の出現についてみる。

　　・「設楽郷」……『信長公記』，『松平記』，『信長記』，『家忠日記増補』，
　　　　　　　　　　『總見記』，『四戦紀聞』
　　・「設楽」………『武徳大成記』
　　・「設楽口」……『牛窪記』，『三戦記』
　　・「設楽郡」……『三河海東記』

長篠城の攻防に続く武田軍と織田・徳川連合軍との決戦の場所について，江戸中期までの各文献の共通項は「設楽」である。

　地元文献の一つともいえる『牛窪記』は，「設楽口迄御出張」と記し，当時の「設楽」の範囲や呼び方を示唆している。いずれも，信長の出陣が，設楽郷・設楽・設楽口・設楽郡と，「設楽の地」であることを示している。

　　▷『信長公記』は，信長軍が長篠への進撃途中の野田を過ぎ極楽寺山に
　　　至って，「設楽郷」と記している。

　　▷『牛窪記』は，極楽寺の位置を「設楽口」と呼び，設楽の地はここ以東で
　　　あるという。『牛窪記』は，この地域に近い牧野家の記録であり，当時
　　　の地名としての「設楽」の実態を表しているように感じる。

| 地域の記録面での「設楽」 |

① 　千郷村史の寛治7年（1093）の項 [注7]

　この頃すでに設楽郷が東と西に分けられ，

野田郷	稲木，野田，河田
設楽西郷	徳貞，山村，椙山
設楽郷	片山

西側を「設楽西郷（にしごう）」と呼び，東側をそのまま設楽郷としていたことが分かる。前項で取り上げた『牛窪記』が，信長の極楽寺到着を「設楽口迄御出張」と記したのと相符合する。そして，『信長公記』が極楽寺山に至って「設楽郷」と記していることとも，整合している。

② 『松平記』（巻五）の記述

　戦国期の「設楽」について右の様に記し，菅沼・西郷・奥平・設楽の各氏

60

第一章　戦いの舞台に立つ

がそれぞれ居住・支配している地域の呼び
名を示している。

③ 『菅沼家譜』【定盈伝】，永禄12年
（1569）の項

「山家三方築手ノ奥平美作守定能，田峰
ノ菅沼刑部少輔，長篠之菅沼新九郎正貞
…」とある。

```
三州遠州両国御手未入時被仰付候
  酒井左衛門尉與（一部）注8
  野田　　　菅沼新八
  さいごう　西郷新太郎
  筑手　　　奥平九八
  志たら　　設楽甚三郎
  うしく本　牧野右馬允
```

◇これらから，この地域の豪族の居住地や支配地の当時の呼び名，位置が
わかる。大まかに「野田」の東に「したら」，その東に「長篠」，北に
「筑手（現在の作手）」，北東に「田峰」という配置である。

地域の建造物が語る「設楽」

その1　領主 設楽市左衛門貞政，供養塔を信玄塚に建立（1653）

▽碑文　「南無妙法蓮華経法界含霊」（正面）　現存

　　　　「…於武広之在所天正年中群卒討死之軍場也」（左面）

・建立　「領主 設楽市左衛門貞政」（右面）

・時　　「承応癸巳孟夏八」…（2年4月8日）（右面）

その2　設楽氏家臣丹沢宗兵衛之共，供養碑を信玄塚に建立（1731）

▽碑文　「自古来称信玄塚里民毎年夷則祭之」　※夷則：旧暦7月のこと

・建立　「設楽氏家臣丹沢宗兵衛之共建焉」

・時　　「享保十六龍信辛亥」

その3　現富沢区，設楽村の庚申塔建立（1752）

▽碑文　「三州設楽郡設楽村中」　現存

・建立　「願主 七右衛門，門助，金七…」

・時　　「宝暦二壬申年七月吉日」

　　※所在　富沢字安楽寺

写真1-12　庚申塔

その4　領主 設楽貞根，石仏を信玄塚に建立（1757）

▽石仏　空道作の「信玄塚閻魔大王像」(212cm)
　　　　同　大塚の地蔵菩薩像
　　　　同　小塚の観音菩薩像　3体現存
・建立　「大施主　菅原氏設楽貞根」
・時　　「宝暦七丁丑年中冬吉辰」
※中冬は「11月」であるから，宝暦7年11月吉日

> 戦後の江戸時代を通して，古戦場一帯の領主である設楽氏を中心に供養の碑等が建てられている。戦国期の文献史料に見られる野田と長篠の間の地名「したら（設楽）」を裏付けている。

写真 1-13　小塚の観音像

古戦場の地名は「したら（設楽）」

　以上見てきたように，織田徳川連合軍が布陣した場所はそのまま「設楽」と呼ばれる地域である。当事者の記録である『信長公記』が，
　　・「設楽郷極楽寺山に御陣を」
　　・「設楽郷ハ一段地形くぼき所ニ候。敵かたへ不見様に段々…」
と記し，当時の把握で「したら」という。旧東郷村にあたる「設楽東郷」を示している。

エ　「設楽原」の呼称

　「したら」の地であるので，古戦場としては「設楽原」と呼んでいるが，文献での「設楽原」の初見は，次の二つとみる。

> ①　遠山信春『總見記』（別名「織田軍記」），刊本：観奕堂版
> 　　「敵将勝頼ハ家老ドモニ申ス様信長家康ハ設楽原ニ出張セリ急ギ此岩代河ヲ越シ行テ一戦ヲ遂ント云フ」
> ②　地元文献『長篠日記』（成立不明），写本：永井本，小野田本等
> 　　「勝頼ハ家老ノ面々ニ向テ宣ケルハ信長家康設楽原ニ出張ス，急キ岩代川ヲ越一戦スヘシト宣フ」

この二つの文献の成立年号記述から，まず『總見記』が先で『長篠日記』がその影響を受けているように見える。ところが，記述の中身を検討すると，特異な特徴として次の３点があがる。

- この戦いについては両書のかなりの部分が同じ記述で，明らかに「どちらかが他をそのまま引用」している。
- この戦いに関して，この２書には他書には見られない「古戦場の具体的地名が数多く」記されている。
- 『總見記』の次の部分は，『長篠日記』の写本の中で，「林本系とのみ合致」している。（林本系：宗堅寺本等）

『總見記』
- 「清井田原ニ本陣シ…其ノ外武田勢…田原ノ近所柳田，竹広，<u>河路，下</u>，宮脇，<u>深澤</u>，浅木（あさぎ），<u>大海</u>，有海原ニ透間モナク陣ヲ取ル」

Ａ１：『長篠日記』（林本）
- 「勝頼始ハ清井田原ニ本陣也，其外武田勢　柳田，竹広，<u>河路，下</u>，宮脇，<u>須澤</u>，浅木，<u>大海</u>，有海原ニ透間モナク段々ニ陣ヲ取ル」

Ａ２：『長篠日記』（小野田本）
- 「勝頼ハ清井田原ニ始ハ本陣其外武田勢　柳田，竹広，<u>川路，下々</u>，宮脇，<u>出澤</u>（すざわ），浅木，有海原ニ透間ナク段々ニ陣取」

■林本系『長篠日記』と『總見記』の類似箇所

- 「河路」…単に異なった字「河」を使用しているのだが，比較６写本中４写本は「川路」である。注９
- 「下」…これは「下々」の「々」の欠落で誤記。「下々」の地名を把握していないことがわかる。比較６写本中，「林本」のみ。
- 「須澤」…音としては「須澤」も「出澤」も同じであるが，地名の成り立ちからは「須澤」と書けない。比較６写本中５写本が「出澤」。『總見記』は「深澤」で，「出」より「須」に近い。
- 「大海」…『總見記』の記す「大海」も，他写本にはない。

ここで挙げた武田軍の布陣地名について，同じ『長篠日記』系統の写本でも，Ａ１は『總見記』同様の地名の誤記等があるが，Ａ２には（この部分の）誤記等はない。ここから，次のような解釈ができる。

①『長篠日記』写本中，Ａ１の系列が写し間違いを起こした部分が『總見記』の記述にそのまま取り入れられた。Ａ２の系列はこの部分を正確に写している。他の写本も，ここは間違えずに写している。

②この逆で，『總見記』から『長篠日記』へ影響したのであれば，Ａ１だけでなくＡ２もまた『總見記』の表記を引き継ぐことになるはずだが，Ａ２等他の『長篠日記』写本にここの間違いはない。となると，『長篠日記』自体は『總見記』の影響を受けて成立したのではないと読める。
注10

　このことから，『長篠日記』の成立は，『總見記』よりもある程度前でないとこうした経緯は生じないと考える。

『長篠日記』の記述

　こうした動きの中で，様々な記述を取り入れながらこの地域で成立したと考えられるのが『長篠日記』である。その記述に『信長記』と『甲陽軍鑑』の内容がそのまま取り入れられている部分が多く，文献としての評価は低いが，地域情報の記述，他文献との関係で魅力も多いと受け止めている。成立時期も作者もはっきりしないが，写本の筆写時期から現在1721年が最古の史料である。

　次は，『長篠日記』が両軍の決戦時の布陣地・衝突点として記す地名の大要である。写本は小野田本を使用した。

写真 1-14　小野田本

第一章　戦いの舞台に立つ

---

a・強右衛門…城ノ向有海原ニ磔ニ掛ル　篠場野ト云所ニ…墓今ニ有
　・松平主殿岩代川ヲ越有海原ニテ小山田備中ガ勢ヲ追掛ル
b・平井村極楽寺ニ御本陣有…信雄卿は御堂山ニ，信忠卿ハ天神山ニ，信康
　　公ハ松尾山ニ，家康公ハ弾正山ニ…陣取…
c・柵ヲ二重ニ付ル，川路連五ノ橋ヨリ浜田ト云所マデ…樋橋ヨリ大宮辺
d・勝頼ハ家老ノ面々ニ向テ宣ケルハ，信長家康設楽原ニ出張ス，急キ川ヲ
　　越一戦スベシ…
e・勝頼ハ清井田原ニ始ハ本陣其外武田勢柳田・竹廣・川路・下々・宮脇・出沢
　　・浅木・有海原ニ…段々ニ陣取
f・信長公家康公…有海村内コロミチ坂ノ上高松ト云処ニテ奥平…被召出

ここで，他文献との関係で注目したいのは次の4点である。

①「大御所様（1607以降）・権現様・大権現（1617以降）・東照宮・神君
　（1645に正一位の神階）」等寛永期にかけて登場する多くの家康尊称に
　比して，『長篠日記』は「信長公・家康公」と一貫して簡素である。
　…〔b，d，f〕

②「設楽原ニ出張ス」の記述がある。…〔d〕

　　※『信長公記』の「設楽郷ハ一段地形くぼきところ…同あるミ原ニ打上」につなが
　　　る表記で，そこを「設楽原」としている。『長篠日記』の代表的筆写本6種のな
　　　かで，4種は「設楽ノ原」と記している。

③『信長公記』とは違う狭い「有海原」を記している。…〔a，e〕

④「コロミチ坂ノ上高松」を記し，そこは有海村だという。…〔f〕

　　※「"コロミツ坂"でなく"コロミチ坂"」が6写本中2写本である。

ここの②の「設楽原」は，『信長公記』の「志多羅之郷（設楽郷）」を受け
て「設楽郷の原」とも理解できるが，「設楽原ニ出張ス」は勝頼の言葉とし
て書かれている。武田方から見た連合軍の布陣地の表現は，長篠対岸から野
田城までを熟知しているであろう武田軍の言葉としては「設楽氏ノ原」と読
むのが自然と感じる。次はその事情である。

・設楽氏は川路城や岩広城を本拠に，早くからこの地に基盤を置いている。
　建久7年（1196）には，「三河国設楽庄」における荘園と地元武士との

65

争いを裁定した頼朝下知状がある。[注11]

- 決戦の４年前（1571），弾正山のある竹広付近で武田軍は設楽氏らと戦い，撃退されている。その頃，作手の奥平氏や長篠菅沼氏は武田の支配下に入ったが，野田方三人衆は拒み続けていた。[注12]
- 『甲陽軍鑑：品17』の「信玄公御代惣人数之事」に，家康江降参之侍として「野田（菅沼），設楽（設楽）」があげられている。

決戦後の設楽氏の存在は小さいが，『三河物語』が「東三河之国侍にハ設楽ハ一番」と評価し，『松平記』が野田・西郷・作手と並べて記す"設楽氏"の一貫した反武田姿勢は，武田軍にはこたえていたはずである。その場所へ信長・家康らの進出があった。連合軍布陣の場所の呼び名は「設楽郷」よりも「設楽（氏）ノ原」の方が，武田軍にとってはるかに実感がある。

一方，「あるミ原」と呼べる範囲は，当時の武田軍や長篠城の守備隊にとってもこの地の住人にとっても，長篠城対岸の「有海地内」が明白である。「有海ではない場所」を「有海原」と呼ぶことは想像しがたい。

注1　『参河国名所図絵』のコロミツ坂の項と『長篠の役三小話』（鈴木太吉）による。
注2　・報告は，明治18年6月，竹広村地主総代から南設楽郡長に提出されたもの。
　　　・地名「断上山」は，明治2年の伊那県布令書（太政官布告）によって，竹広村が「弾正山」から改名した。『千郷村史 上』（昭和4，今泉忠左衛門）のp.59参照。
注3　『徹底検証』のp.125〜127参照。慶長石高は『東郷村沿革誌』p.11による。
注4　写真は，八束穂の鈴木利勝氏が昭和20年代後半に撮影。
注5　蓬宇稿三十六の『此夕集　慶応三年丁卯日次　呉井園記』は，豊橋古文書講座火曜会（代表丸地八潮氏）発行（平成15年）による。
注6　・「三州（表）」は，6月9日（賀茂神社宛），7月20日（村上源五宛）の信長書状
　　　・「三信堺目」は，6月13日（上杉謙信宛），11月28日（佐竹義重宛他）の信長書状
注7　『千郷村史：上』のp.29参照。
注8　今川氏真が家康に降伏し，掛川城を退去した永禄12年5月以前。
注9　6写本は，丸山俊治氏の「長篠日記の写本の比較」p.50による。
注10　『徹底検証』のp.103参照。
注11　『松尾神社社蔵文書目録』口絵第三「源頼朝下知状」（第三号文書）による。
注12　『戦国ウォーク：コラム⑱』「竹広表の戦い」参照。

コラム：古戦場の風景
古戦場⑥

連吾川で倒れた馬に

　平成28年秋，連吾川沿いに，戦国の馬を思いながら2本の標柱を川沿いの仲間と建てた。次は，標柱に記した句である。

　△連吾川　共に倒れて馬がなく
　△故郷へ　別れを告げるすべもなく

　何百年を隔てても，人も馬も共に生きる姿は変わらない。"忘れてはいない"と馬の仲間にも知らせたくて……

　以前，ここには4本の標柱があった。

東京の星野さんの発願

　昭和47年，当時東京都庁に勤めてみえた星野仁氏は，武田家につながる子孫として戦没人馬の供養を発願され，川べりに4基の供養柱を建て，勝楽寺住職を迎えて供養された。一つは武田軍将士のため，ひとつは武田軍の軍馬のためと書かれていた。

　45年の歳月で跡形もなくなったので，星野さんの志を引き継ぎながら，人と馬，人と自然，人と人，昔と今，町と田舎…と様々な共存・共生の願いを込めて，みんなで新しい標柱を建てた。

軍馬の食べ物

　戦いでどれほどの馬が来たのか？　平山優氏の資料に「騎馬の比率は約14.7％」というのがある。これで推算すると約2千2百頭という数字がでる。

　この馬の飼料について，豊島の今泉芳美さん（故人）が，新城市郷土研究会会報「170号」で次の3点を報告されている。

- ・稲藁と牧草類合わせた生草換算で1日に20kg位
- ・遠征時の途中では，青い生の笹類，熊笹等
- ・各自の用意・部隊の現地調達・小荷駄隊等

峯田十輔（設楽原をまもる会）

コラム：古戦場の風景
戦国武人①

野田城の笛 "武田信玄"

　設楽原決戦2年前の元亀4年（1573）新春，遠州三方原で家康を破った信玄の武田軍は，宇利峠を越えて三州の野田城（城主は家康方の菅沼定盈）を包囲した。

信玄，最後の城攻め

　少兵ながら堅固な守りに手を焼いた信玄は，甲州の金掘衆を入れて一部の井戸水を断ち，城方を窮地に追い込んだ。それでも城からは，夜毎に美しい篠笛の音が聞こえ，闇夜の静寂に束の間の安らぎを響かせていた。敵方の笛ではあるが，信玄は聞くともなく陣営を出て耳を傾ける日が続いた。（図は『新城市誌』による）

野田城図

信玄砲伝説

　2月に入ったある夜，いつものように村松芳休の笛が響く中，闇夜を切り裂く轟音一発，鳥居半四郎の銃丸に信玄が倒れたという。

　※史実は別に，黒澤映画『影武者』の暗夜の銃声は今も耳に残っている。

　籠城1か月，菅沼定盈は武田の軍門に下り，勝った武田軍は足早に甲州に引き返す途中，信州の駒場で信玄は息を引取った。戦国第一の武人とうたわれた武田信玄は，上洛の夢を叶えることなく遠征途上で52年の生涯を終えた。

　☆豊川添いの沖積平野を見下ろす高台上の野田城址は，井戸跡も崩れてはいるが昔の姿をとどめ，地形もほとんど変わっていない。

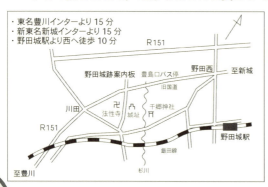

★戦い直前，家康から贈られたという火縄銃が，菅沼家菩提寺の宗堅寺（新城市町並）に現存している。銃身と鉛用の玉鋳型で，口径20㍉（13匁筒）の古い形式の銃という。

渡辺富士男（野田の住人）

··· 多種多様な鉄炮玉の存在 ···

わが国に伝来した鉄炮が戦国時代の世相を反映して，たちまち全国に普及し，旧来の戦闘法を一変させて近世の到来を加速させた兵器として評価され，そこで使われた玉は「鉛玉一放」だけだと思って怪しまないようである。

しかし，以下に検証するように鉛のほかに鉄・青銅・鉛と錫の合金，土の玉などが戦国時代の戦場や城郭などの旧跡から出土，採集され，また文献史料（古文書・記録・砲術秘伝書）には多種多様な軍用と猟用の鉄炮の玉が明記されており，これまでの「鉛玉一放」という常識とは，随分かけはなれた様相を呈しているのである。

戦国時代の玉の実体究明は東西で展開した鉄炮戦理解の一助になり，さらに鉄炮が軍用一辺倒ではなく，狩猟にも多用されて狩猟社会に多大な影響を投じた新事実がみえてくる。ここでは砲術武芸史の視点から戦国時代（天文12年から元和堰武までの戦乱期とする）に多種多様な軍用と猟用の鉄炮の玉が存在した事実を検証したい。

1 「二つ玉」の存在

(1) 砲術武芸者の決闘

これまでの常識では鉄炮の玉は「鉛玉一放」であるが，はじめに複数の玉を込める「二つ玉」の存在を指摘したい。若年の織田信長が橋本一巴に師事して鉄炮稽古に励んだ事実は有名である。永禄1年（1558）5月，信長は岩倉城の織田信安の子信賢・信家が家督を争い，信賢が信安を追放して美濃の斎藤義竜とむすんで反抗すると岩倉城を攻め，同年7月には信賢と浮野で戦った。このとき，鉄炮の師匠橋本一巴が「二つ玉」を込めて，信賢方の弓達者林弥七郎と果たし合いをした。その場面を『信長公記』は次のように伝えている。

・7月12日の昼頃，信長の軍勢が数刻，南東を攻めて敵を追い崩した。浅野の村にいた弓の名人林弥七郎も退くところだったが，それをみた橋本

研究の視点Ⅰ　戦国時代の多種多様な鉄炮玉の世界

一巴が言葉をかけると，心得たといって林は，四寸の鏃をもつ矢を番な
がらもどってきて，一巴の脇の下に深々と射たてた。一巴も負けまいと，
「二つ玉」を込めて狙い放つと，これが命中して林は倒れた。そこへ信
長の小姓佐脇藤八が走りより林の頸を取ろうとしたが，やにわに林が大
刀を抜いて佐脇藤八の左肘を籠手ごと斬り落として頸をあげた。林弥七
郎の弓と太刀は比類のないものだった。

　著者太田牛一は天文23年（1554）7月18日，柴田権六（勝家）の清州攻
めに足軽として参戦し，その後，弓三張・鑓三本の六人衆のひとりに抜擢さ
れ，永禄8年（1565）の美濃国の堂洞の戦いでは「二の丸の入口おもてに高
き家の上にて，太田又助只一人あがり，黙矢もなく射付ける」手柄により，
信長の褒賞にあずかった。太田牛一が敵方の林弥七郎の弓と太刀の働きは比
類ないと激賞を惜しまなかったのは，彼自身が弓の巧者であったからである。

(2)　信長暗殺未遂事件

　次に紹介するのは信長暗殺未遂事件に使われた玉である。元亀元年（1570）
5月9日，信長は京都から岐阜に帰る途中，千草山中で狙撃された。狙撃犯
は杉谷善住坊という者で，佐々木承禎に頼まれての犯行であった。『信長公
記』は善住坊が千草山中の道筋で待ち伏せて，十二，三間の距離から「二つ
玉」を打ったものの，玉は信長の身体を掠っただけで無事と伝えている。

　事件後の22日，京都の公家山科言継は「織田弾正忠（信長）コウツハタ
にて，鉄放四丁にて山中より之を射ると云々，但し当らず，笠の柄之を打折
と云々，不可説々々々」と日記に認めている（『言継卿記』）。言継の日記は
射程を四町として『信長公記』の距離と齟齬するものの，千草山中における
鉄炮による信長暗殺未遂事件の噂は京の都に流れた。

(3)　九州の戦場でも

　二つ玉の使用は九州の戦場でもみられた。天正12年（1584），大友宗麟が
猫尾城を攻めたとき，立花道雪・高橋紹運が加勢を主張した。秋月種実・筑
紫広門の兵どもが所々の切所で待ち伏せして無数の鉄炮で打ちかけてきたが，
大木を小楯にしてその陰から顔だけ出して打つ者があった。その鉄炮は手達

71

であって多くの手負人がでた。立花道雪の乗物を担いでいた人も打たれて倒れたので乗物を落した。道雪は激怒して，あれを討てと下知して頻に鉄炮を打ちかけたけれども，顔ばかりだして鉄炮を打つので隙がなかった。道雪は紹運の士のなかに手達はいないのか，あれを打てと詞をかけると，紹運に命じられた市川平兵衛が秘蔵の持筒村雲を身構へて待っていると，大木の陰より顔を出したので，市川が手早く「二つ玉」を打つと，それが眉間に中って倒れて死んだ（長山貫『銃戦紀談』）。

　以上，紹介した「二つ玉」の２例は狙撃用である。いちどに複数の玉を放つぶん狙点が捉えられたが，目測を誤れば，善住坊のように標的を外す確率も大きかった。

⑷ 「二つ玉」の正体

　それでは橋本一巴や善住坊，市川平兵衛の使った「二つ玉」とは，どのような玉なのか，戦国時代に流行した砲術諸流の秘伝書に求めたい。

　安見流の祖安見右近一之が慶長４年（1599）３月15日に毛利家臣の堅田兵部少輔に授けた『玉込ミ事』の秘伝に「くいしめ玉」があり，その拵え方は「二つの玉の鋳口をよけて十分一ほど脇を削り，小刀で穴を十ばかりあけて，両方の削り目をねじ合わせする」と説明している（『安見流鉄炮秘伝書』）。ここでは「二つ玉」とよんでいないが，江戸時代の寛文７年（1667）５月の同流の『玉録集抜書』は「二つ玉」とよんで「玉の両方を五分ばかり一文字に削ぎ目をつけ，両方を押し合わせる」と，慶長４年３月の「くいしめ玉」とおなじ説明をしている。

　当時，「くいしめ玉」が流行していたことは，慶長６年（1601）以前の津田流の『玉こみ事』に「二つの玉の鋳口の両脇をねじ合わせにし，両の切口を小刀で穴を十ケ所あけてねじ合わせにする」とあり，また稲富流と田付流の秘伝書にも似た記述がある。この玉は飛んださきで左右にわかれるとし，田付流では玉に紙を巻くといい，津田流は鳥の子紙で包んだ玉を「上のくいしめ玉」としている。おなじ「くいしめ玉」でも流派によって拵え方にちがいがあった。

(5) 多様な二つ玉

「くいしめ玉」は喰い締める意味で2個の玉を接合するが，天正13年（1585）6月の『玉こしらへの事』には「二つ鋳形で造った玉」がみえ，これを「ねじ玉」とよんで拵え方は「くいしめ玉」とちがっている。また井上外記流では鋳形に紙をはさんで鋳口を三分一あけて造った玉を「割玉」とし，これもさきで割れて「二つ玉」になると説明している（『玉込様秘伝書』）。

さらに慶長18年（1613）8月の藤井一二斎の南蛮流の『鍛錬之巻』には，玉に穴をあけて緒で結んで二つを同時に込める玉を「連離の玉」といい，これは二町さきで三尺横にわかれると説明している。このように一口に「二つ玉」といっても「ねじ玉」「くいしめ玉」「割玉」「連離の玉」などが存在して多様であった。おそらく橋本一巴や善住坊，市川平兵衛の使った「二つ玉」はこの類であろう。

善住坊と市川の玉は砲術流派が特定できないので玉の正体は割り出せないものの，橋本一巴の「二つ玉」は「くいしめ玉」の可能性がある。というのは，前述の安見流の『玉録集抜書』が信長の父織田信秀の持筒の仕様を「三匁五分，本口一寸，末口八分，但丸柑子，筒尺三尺三寸」と記し，織田家中における安見流の流行を伝えており，橋本一巴は同流の砲術武芸者と推測できるからである。

2　紙包の「二つ玉」と「切玉」の存在

(1) 後北条氏の支城の戦備

天正17年（1589）11月24日，秀吉は小田原の北条氏直討伐を決定し，翌年3月1日に京都を出馬し，東海道筋を徳川家康・織田信雄，東山道筋を上杉景勝・前田利家，海上は九鬼嘉隆・長宗我部元親，後詰として駿河・遠江に毛利輝元・吉川元春を配置し，3月末に沼津三枚橋，4月に本陣を早雲寺に移して小田原城を包囲した。

対する後北条氏は一族重臣が小田原本城に集結して作戦を評議するが，秀吉の大軍勢に攻められて3月下旬に伊豆の山中城，ついで韮山城，6月上旬

に武州の岩槻・鉢形・八王子の諸城があいついで陥落した。小田原本城では東端の篠曲輪で数次の戦闘があったものの，大規模な戦闘にはならなかった。小田原評定の結果，7月下旬に後北条氏は秀吉の軍門に降った。

　秀吉との対立が鮮明になった天正16年（1588）5月21日，後北条氏は領国に散在する支城，とりわけ，境目の城砦の戦備を厳重にした。鉢形城主北条氏邦に対して上野の権現山城に当番をおき，玉薬，矢など以下を着到にしたがって配備し，少しの油断があってはならないと厳命した。

　同年10月13日の「権現山有之城物覚」によると，同城には大鉄炮1挺，小鉄炮50挺，大鉄炮玉69個があった。注記によると，大鉄炮の玉は「小玉を二ッづつ紙にてくるみ，大玉にこしらへ」たとある。これも一種の「二つ玉」であるが，この大玉の存在は，はからずも後北条氏の大鉄炮の玉の不足を露呈している。

　臨機応変の処置として大型砲の石火矢・大筒・大鉄炮にたくさんの小玉を込めて放つことがあった。たとえば，寛永14年（1637）11月に肥前島原の一揆の戦場にその実例があった。幕府軍は一揆勢のよる原城に大型砲を投入して攻めたが，頑強な抵抗にあって越年した。寛永15年2月20日，一揆勢が松倉方の責口に夜襲をかけてきた。物頭として参戦した島原藩士佐野七左衛門の実録は「柘角大夫が大石火矢に色々な小玉を多く込めて放ったので一揆はひるんで夜襲をかけてこなかった」と記している（『松倉氏家臣佐野七左衛門覚書』）。このときは夜襲であり，敵の動きが察知できないので盲目打したのだが，多勢の敵には効果があった。

(2)　東西に存在した「切玉」

　このほか権現山城には，1200放分の玉薬，1350個のくろ金玉，すなわち，鉄の玉も配備されたが，このなかには鉢形から運び込まれた，くろ金玉900個，大玉68個，大玉14放の玉薬があった。また陪臣吉田新左衛門尉は鉄炮15挺，玉薬1500放，焔硝1箱，玉3200個，それに大玉20個を準備したが，この大玉は「切玉」という。

　「切玉」の文献史料は西国にもある。慶長5年（1600）の関ヶ原合戦後，

研究の視点Ⅰ　戦国時代の多種多様な鉄炮玉の世界

小堀正次は一万石を加増されて備中の国奉行として松山城にはいった。慶長
９年に子息政一が小堀氏の家督をつぎ，元和３年（1617）までその職にあっ
たが，この間の慶長13年６月と12月の二度，代官の深町喜左衛門が近江の
国友鉄炮鍛冶に鍛冶賃を支払っている。６月に128石を支払い，鉄炮の総数
は55挺，内訳は50挺が一匁玉，２挺が十匁玉，３挺が六匁玉，それに547
個の「切玉代」として一石三斗六升七合五勺を支払っている。12月分は「五
十一石五斗を国友鍛冶に渡すと」とあるだけで鉄炮の明細はない。

　現在，「切玉」の文献史料（古文書）は，この小堀氏と前述の後北条氏の
２例に過ぎないものの，東西での使用は全国規模とみて差支えあるまい。

(3)　切玉の拵え方

　それでは「切玉」とは，どのような玉なのか，その拵え方を砲術秘伝書に
求めると，以下の二通りがある。

〇内径３ミリほどの管竹（くだだけ）に鉛を鋳込み，これを３ミリほどの長さに切って
　髪油で練って常の玉の２個分の量を込め，銃身の底に詰めた下薬と玉の
　あいだに鞣革（なめしがわ）や紙，あるいは円筒形の桐の木を送り玉とした。小堀政一
　注文の鉄炮は小筒と中筒だからこれに使う玉ならばこれになる。

〇大筒用の切玉は三匁五分の鉛玉を100個ぐらい用意し，その丸玉を叩い
　て四角にし，油を練って固めながら角柱状に組み上げてふたつに切って
　玉にした。後北条氏の切玉は大鉄炮用だからこれであろう（所荘吉氏
　『火縄銃』）。

「切玉」の名称は切って使うからであるが，あとで紹介する江戸初期の井
上外記流の秘伝書『御伝授玉』は一寸の切玉を９個込める「地獄玉」の存在
を伝えており，一口に切玉といってもその形状はさまざまであった。

　なお，出羽米沢の上杉氏が会津若松にいた時分，鉛がなかったので鉄切
玉・銅打玉を用意したという。この鉄切玉は鉄を切断して拵えたもので，さ
きに説明した「切玉」とは材質も拵え方もちがうが，この一文は鉛玉の不足
が日常的であったことを示唆している（『上杉家文書』）。

(4) 八王子城跡出土の玉の各種

　天正18年（1590）6月，北条氏照(うじてる)のよった武蔵八王子城は，秀吉方の上杉景勝・前田利家の軍勢に攻められて落城した。往昔の城跡から玉鋳型・鉛玉・青銅の玉・鉄製の中空の玉・土の玉・白みをおびた玉・鉄の大小の玉が多く出土し，あるいは採集された。（『八王子城』八王子市教育委員会）

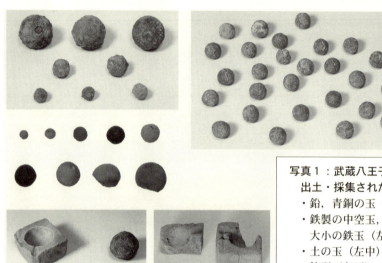

写真1：武蔵八王子城跡から出土・採集された各種玉
・鉛，青銅の玉（右）
・鉄製の中空玉，大小の鉄玉（左上）
・土の玉（左中）
・鋳型（左下）

（八王子市郷土資料館所蔵）
＊画像は『歴史のなかの鉄砲伝来』（国立歴史民俗博物館）より転載

　このうち，鉛や鉄，青銅，合金の玉の実在は想定内であるものの，鉄製の中空の玉や土の玉の実在は常識を破るものがある。しかし，鉄製の中空の玉は形状から鈴玉といい，紀伊在住の自由斎流の師匠奥弥兵衛の秘伝に「まつ木柔らかなる木の時は鈴玉よし」（「奥家文書」）とあり，城館などの家屋や板塀を射破るときに使う玉で，とくに珍しいものではなかった。

　また土の玉については「鉛がないときは，ねばき土を薬研(やげん)でおろして丸くして二三度紙を張って，よく干(ほ)せばよい」と田付流の秘伝にある（『連玉集』）。

　北条氏照は武蔵入間郡の毛呂大明神の梵鐘を武器製造のために一時借用している。もちろん借用とは名ばかりの徴発であるが，城跡からは城下の寺院

から借用した小さな梵鐘の破片と青銅の玉が共伴しており，後北条氏は田付流のいう「鉛がないとき」の状況が現出していた。飛散して痕跡が残らないので実戦における土玉の使用は確認できないものの，緊急の処置として準備したのであり，当時の砲術武芸者にとって土玉の作り方は常識であったらしく，出羽米沢の上杉家に流行した種子島流の慶長15年（1610）2月吉日の『玉拵書』は，水底の泥土の「へな」，「石灰」，さまざまな粒子の混ざった金剛砂，すなわち「赤砂」，「麻」「紙」「油」など6種の物を混ぜこねて固めた「土玉」の拵え方を載せている（『関家文書』）。

　さらに慶長17年（1612）の田付流の『大筒玉なき時拵様の事』では「小玉を布で幾重にも包み，その上を土で丸く包んで，さらにその上を紙で四五回はり（張）て打とあり，さらに小玉がないときは，小石でもおなじである」とし（『連玉集』），稲富流でも「釘にても金火箸でも，笄こうがい・小刀を切って雑紙などを張って使う」とみえる。

　なお，米沢筒と俗称される種子島流仕様の鉄炮のなかに，先端を回すと上部が外れて尖ったネジ状の鏃が現れる鉄製の槊杖カルカがある。銃腔に詰まった玉の処理の道具のようだが，戦場で玉が尽きた緊急の際，鉄矢として使える特殊な玉と推測する。

　戦場で玉が尽きれば，このように何でも使ったのである。

(5)　伝世する井上外記流の『御伝授玉』

　現存する江戸時代以前の砲術秘伝書は僅少だが，流派の分派活動が盛んになった江戸時代にはいると，数多の砲術秘伝書が作成されて，それがこんにちに伝世している。砲術秘伝書の体裁は巻子，折本，冊子，状とさまざまだが，どれも膨大な数字と文字で埋め尽くされ，ときに玉の名称が散見されるものの，玉の実物を収めた秘伝書は，さきに切玉の「地獄玉」で引用した江戸初期の井上外記流の『御伝授玉』が唯一であり，玉の標本資料として貴重なので次に図版で紹介したい。

　資料は，国立歴史民俗博物館所蔵で江戸初期のものである。

写真2：井上外記流『御伝授玉』（国立歴史民俗博物館所蔵）

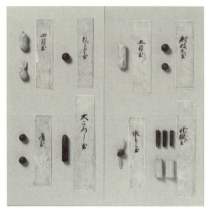
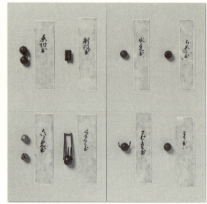

> （右から）ち志こ玉・わり玉・水走玉・さけは里玉／射破玉・くるり玉・糸切玉・くいしめ玉／射破大玉・地獄玉・五目玉・水そこ玉／風きり玉・大ころし玉・四目玉・雁玉

『御伝授玉』は玉の説明を欠いているので詳細は不明である。そこで同流の『玉込様秘伝書』の説明をつぎに引用しておきたい。

○ち志こ玉（玉に穴をあけ小刀目をあて口に加え噛み立てる。海川にて放よい玉）

○わり玉（鋳型に紙を挟んで鋳る。先で二つに割れる二つ玉）

○水走玉（水上走玉ともいう。玉に穴をあけて草を引き通して両方に一寸五分出した玉）

○さけは里玉（玉に穴をあけ鉛の釘を指して両方に四分ほど出した玉）

○射破玉（筒に合わせて木を削り，竹を削って木に合わせ，なかの木を四つに割って竹より短くして鉛の湯をいれ，玉の長さ五分にして，竹を抜いて木に鋳付いたら木をはずして穴の方に薬を込める。中ると穴の薄い方が割け，あとが広がる玉）

○くるり玉（水の上を走らす玉）

○糸切玉（鋳型に藁を挟んで玉に穴をあけ，二つの玉の穴に鉛の釘を差し込んだ玉）

○くいしめ玉（玉二つの鋳口の脇を小刀で削り目をつけてねじ合わせにした玉）

○射破大玉（戦場用の玉，堅木でこしらえた玉，筈の内に玉を込める玉）

○地獄玉（下薬を込め，空玉を込め一寸の切玉を込める，切玉9個，玉着は散乱する玉）

○五目玉（割玉を上下に２個，真ん中に劣玉を紙に包んだ玉）
○水そこ玉（図をみると玉の真ん中に穴をあけ，そこに薫革の紐を通している）
　異説：玉を長くして先端を椎の実形にして放，三尺までよし，小刀で竪に筋を入れてもよいし，薄紙を張ってもよい
○風きり玉（玉に小刀目を縦横に筋を入れる玉）
○大ころし玉（図をみると縦に細かい筋をいれ，先端を椎の実形にした長い玉）
　異説：筒に合った藤を四五寸切って叩いて柔らかにしてその上を紙で二重に巻き塩水できっちり絞った玉）
○四目玉（割玉二つを込めた玉）
○雁玉（劣玉二つを込める，水鳥に効果がある玉）

(6) 小田原城展示の９種の玉は稲富流

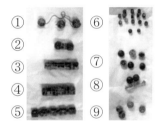

写真３ 『小田原城の稲富流の各種玉』（神奈川県小田原市教育委員会保管）

井上外記流の『御伝授玉』は玉の実物資料として唯一と思っていたが，神奈川県小田原市所在の小田原城天守閣を訪れたところ，左に図版で紹介する９種の玉の実物が展示されていた。（調査日・平成26年９月３日）

形状を説明すると，左上から①鉛玉３個に穴をあけて撚糸でつないだ玉，②２個の玉を結んだ玉，③半円形の鉛棒を糸で巻き付けた玉，④四角玉を４個糸で結んだ玉，⑤四角玉を５個糸で結んだ玉の５種。右上から⑥鉛の切玉，⑦半円の片蓋玉，⑧布で２個の玉を包んだ玉，⑨通常の丸玉の４種である。

左①⑤，右⑥の玉は，以下に説明するように稲富一夢が慶長15年（1610）９月に幕臣の大久保藤十郎に授けた「百十三箇条注三」にみえる玉の秘伝と一致するので，小田原城展示の玉は稲富流の一部とみて誤りはあるまい。

すなわち，左①は「つなぎ玉」といい，「玉に穴をあけ，玉の間三寸おきに緒を細くして玉三つをつなぐ」（二十二条）であり，⑤は形状から「さい（賽）玉」といい，「薬，玉を右のように込め，鉛を賽の目のように四角にして五

つ，その玉の間に八角にした鉛を四つはさむ，賽の目五つと八角四つを細い糸で結ぶ」（三十六条）と伝えている。そして右⑥は「みだれ玉」といい，「薬を通常より少し多くして本玉を込め，つぎに五分程の小玉十四を入れて，その口に紙を丸くしていれて本玉をいれる」（三十九条）とあるのである。

なお，図版右側の二段目の玉⑦は半円形になっており，御椀の蓋のようになっているので片蓋と称し，単体では使用しない。片蓋は天正13年（1585）6月の宮崎内蔵亮の『玉こしらへの事』にみえる。

写真 3-2 『小田原城の稲富流の各種玉』
（神奈川県小田原市教育委員会保管）

なお，小田原城より写真を提供いただいたので併せて紹介したい。ただし先の写真と相違する部分がある。

井上外記流と稲富流の秘伝書から砲術武芸者が多種多様な玉を工夫したことがわかるが，稲富流秘伝書にみえる22種の玉の名称を列挙しておきたい（『百十三箇条注三』前掲）。

　　ほんの玉（21）・弐ッ玉（22）・三ッ玉（23）・同三ッ玉（24）・ぐの目（25）・女七夕（26）・しやうじかへし（27）・つなぎ玉（30）・人の胴射切玉（31）・木からし（32）・わり玉（33）・肝要の玉（34）・さん玉（35）・さい玉（36）・きり玉（37）・ゆいきり玉（38）・みだれ玉（39）・ひねり玉（40）・しもく玉（41）・六寸玉（42）・どく玉（47）・時刻玉（48）……（ ）は条数

(7) 伊豆山中城の鉄炮戦と遺物

江戸時代に著された軍記物は合戦の勝敗や武将の武勇を描くものの，鉄炮戦の場面はきわめて少ない。寛永17年（1640）7月24日，京都で79歳の生涯を閉じた渡奉公人の渡辺勘兵衛の『武功覚書』は，彼が29歳の時に参戦した伊豆の山中城攻めの鉄炮戦をつぎのように回想している。

①中村式部の備場から城まで十町離れていたので城との間に陣地を造って，そこに二，三十挺の鉄炮を備えて打ち，城中からも鉄炮の釣瓶打があって応戦した。

研究の視点Ⅰ　戦国時代の多種多様な鉄炮玉の世界

②山中城の差向いの出丸は一町ほどあったが，鉄炮を釣瓶打すると，向い
　の土居の幅三十間の所に煙が上がった。射程が三十間（54メートル）で
　あった。

③三の丸のしぼり際で二の丸から敵が鉄炮を激しく放ってきて堺兵左衛門
　が鉄炮に中り，

④勘兵衛の後を追ってきた中河金平・中村三次郎・土方孫次郎・古田久左
　衛門の4人が鉄炮に中って即死した。

⑤さらに五間三間の内で味方50，60人もの鉄炮の死傷者が出た。

　この回想は渡辺勘兵衛の身近な戦況だが，いずれの攻口でもおなじような
光景が繰り広げられていたにちがいない。山中城は海抜600メートル前後の
高所に築かれた山城であり，騎馬を展開させる戦術は不向きであり，接近戦
になるまで攻守ともに鉄炮で応戦した。

　総大将の羽柴秀次の山中城攻めに参戦していた武将一柳直末はこの戦いで
討死した。京都日蓮宗の一如院の僧日重は伊豆の韮山城攻撃中の細川忠興の
陣所に「あわれなりひとつ柳のめも春にもえ出たる野べの烟は」の和歌一
首を届けた。これに応えて細川忠興は「いと毛なる具足をかけて鉄炮の玉に
もぬける一つ柳か」と返歌している（『東国陣道記』）。一柳直末は後北条方
の鉄炮によって討死したのであり，この一首も山中城攻防戦における鉄炮戦
の激しさを彷彿とさせる。

　静岡県三島市教育委員会の資料によると，秀吉の大軍に攻められて落城し
た山中城跡から197個の玉，3個の大玉，それに火縄挟みの断片と弾金の部
品が出土し，玉の材質別の内訳は，鉛玉25個，鉄玉19個，銅と鉛と錫の合
金の玉が147個と報告している。まさにこれは鉄炮戦の名残である。

3　戦国武将の砲術修行にみえる玉

⑴　砲術武芸の修行

　武家の子どもは初陣までに一通りの武芸を身につけて戦場にのぞみ，場数
を踏んで一廉の戦国武士に成長した。永禄4年（1561）に17歳の初陣以来，

軍陣，軍旅，戦場常在の歳月を過ごした島津家の家老上井覚兼は，37歳の天正9年（1581）10月29日，家臣に奉公の心得を説いたが，弓は西俣上総入道快鏡と一宮流の矢野節介に習い，軍配は島津家相伝の四十二ヶ条，兵法の鍛錬は武士に生まれた身上として塚原卜伝の一流と上泉伊勢守信綱の新影流を稽古したと述べている（『上井覚兼日記』）。

　上井覚兼は砲術武芸には一言もふれていないが，日記をみると，31歳の天正2年（1574）11月に殿様（島津義久）から手火矢（鉄炮）を頂戴して忝^{かたじけな}いと感激し，天正11年正月には手火矢で青鷺を射，天正13年3月には西俣七郎左衛門に手火矢細工を頼み，暇つぶしに鉄炮を射ている。覚兼修行の砲術流派は定かではないが，砲術武芸の心得もあったのである。

　また毛利元就の四男穂田元清は文禄3年（1594）4月に安国寺恵瓊から「武辺を御数寄になり，弓矢・鉄炮・御馬などの御心懸がもっとも大事だ」と諭されている（『長府毛利文書』）。そして文禄3年7月の毛利家の法度には「弓・鉄炮を真実の役に立つように鍛錬すべきであり，ただ役目の人数だけを出せばよいと心得てはならない」と規定している（『毛利家文書』）。さらに上杉家では慶長12年（1607）に鉄炮稽古法度を定め，鉄炮鍛錬の心得をつぎのように述べている（『上杉家文書』）。

　・鍛錬する武士は師匠の教えをよく習い覚え，初条から極意までの伝授を受けて規則を守らなければならない。伝授も受けないで遠近の標的の狙点が分からないままいい加減に無駄打をする者は殿様に披露する公界晴業に出場させない。教わったことを身に入れて執心し一生懸命鍛錬する者には極意まで教えなければならない。役目で仕方なく稽古する者は法度に背くことになる。

　このあと「いかに上手になっても鉄炮は鳥・獣・星の用ではなく，武前にて鑓下の一放の嗜みが肝要」とある。このころ，上杉家中にあって鉄炮重視策を進めていた直江兼続は『軍法』のなかで「夫れ鉄炮者，平生習玩して以って手熟すべし，未だ手熟せざれば，則，不虞に臨んで用い難し，さすれば，則，攻守の備え利あらずば，則，其軍破却す，玉薬・火縄等，能く拵え

持て，縦風雨に遇い，深水に済むと雖も，用いて得ざるべからず也。遠くなく近くなく，必ず当たると当たらざると料て，虚空に向って放つこと莫れ，就中，鑓下その外大事の虎口に臨んで，則，先ず跪きて，心静め気を治め，息を休め，眼を開きて，大将，又は表に進む者を選んで撃つべき也」と鉄炮鍛錬の大事を強調している（『上杉家文書』）。

　上杉家では砲術武芸の師匠が鉄炮稽古を指南し，初条から極意までの伝授をうけることを奨励し，なおかつ戦場における鉄炮の心得を説いているが，鉄炮が戦いの主役になった時代，どこの大名もこうした稽古法度や軍法を定めて鉄炮の効果的運用をはかっていたにちがいない。

　戦国時代の砲術武芸の眼目は鳥・獣・星の用ではなく，戦場で敵を斃すことにあった。若年の信長が鉄炮を稽古し，戦場で鉄炮を放ち，みずから足に鉄炮疵をうけ，国友与四郎の作った鉄炮が気にいらず，与四郎を牢屋に押込めるほどの鉄炮数寄者であった（『信長公記』『安土日記』）。また家康も細川忠興に「我生得，鷹と鉄炮とを好む」と語ったほどの鉄炮数寄者であった（『細川家記』）。

　静岡県の久能山東照宮博物館には家康愛用の日本清堯銘の稲富流の鉄炮2挺が現存し，その腕前は，慶長16年（1611）8月13日の早朝，浅間に出かけて，二町先の標的のど真ん中に五度命中させ，その日の真昼には五十間先の前橋の櫓上に留っている二鳶を打落し，一鳶の足を射切ったと伝えて名人の域に達していた（『当代記』）。

　戦国時代，数多の武士が鉄炮の轟音と硝煙に包まれながら鍛錬に励んだのは武功のためであった。秀吉の配下として小田原攻めや対外戦の文禄・慶長の役にも参戦し，関ヶ原の戦いでは石田三成と不和になって家康に属して，紀伊三十七万四千石をあたえられた浅野幸長も鉄炮巧者のひとりであった。

(2)　浅野幸長，師匠奥弥兵衛に玉の秘伝を尋ねる

　慶長4年（1599）8月朔日，壱岐の風本に在陣していた浅野幸長は部下の石川掃部頭頼明に砲術秘伝に関する書状をもたせて，紀伊の自由斎流の師匠奥弥兵衛のもとに遣わした。書状には「大遠物（遠射）の打方，それに玉の

拵え方」、「大いぬき（大射貫）の玉の拵えの事」、「竹束の時の玉の拵えの方」を口伝のように試したが、上手くいかなかったので、口伝を詳しく書付けにして頂きたいとあり、追伸には「遠物の様子、先日、お会いして話そうと思いましたが、早々に御下りになられたので機会を失いました。詳細を書付にして給わりたい」と繰り返している（松平年一氏「自由斎流の鉄砲師奥弥兵衛」『日本歴史：354号』）。

おなじ日、同門の谷衛友（甚太郎・出羽守）は奥弥兵衛に「秘伝を残らず相伝しましたが、なお合点できないところがあるので、ぜひ書付に詳しく書いて御教示頂きたい」と懇願し、「壱岐の風本に在陣中の浅野幸長が三匁三分の鉄炮に三匁の玉薬を込めて打ったところ三町は行ったが、六匁の鉄炮に五匁の玉薬を込めても四町におよばなかった。どうすれば四町に行くのか、これも書付にして御教示を願いたい。浅野幸長殿も尋ねの使者を遣わすと聞いているが、浅野殿や自分が試しても火薬が上手くいかないと、それ以上、技が進まないので、御教示を願いたい」と結んでいる。尋ねの使者は石川掃部頭頼明である。

戦国時代はもとより江戸時代の鉄炮は現代銃砲のように弾丸と火薬を詰めた、いわゆる完全薬莢ではなく、銃口から火薬と玉を別々に込める前装式であり、玉目と銃身長、目標物（人間・鳥獣・建造物）、目標までの距離、天候、風向きや風速などを考慮して火薬の強弱を調合する必要があり、的中をえるには師匠の教えにしたがって「千鍛百錬」の修行をかさねる必要があったのである。

(3) 「曲玉」の名称と機能

この2年前、慶長2年（1597）12月11日、奥弥兵衛は林泉右衛門という武士に玉の秘伝を授けたが、そこには「きよくたま（曲玉）の事」「よろいどをし（鎧通）の事」とともに浅野幸長が教示を願った「わういぬきの（大射貫）事」と「大とを物（大遠物）」がみえる。師匠の奥弥兵衛が二人の戦国武士、すなわち、浅野と林に授けた玉の正体を探らなければなるまい。

「きよくたま」は「曲玉」と書き「くるり玉」ともよんだ。奥弥兵衛の自

由斎流は津田流から分派したが、津田流には「上のくるり玉」と「上々のくるり玉」の2種があった。「上のくるり玉」は鉛の劣玉(おとり)に穴をあけ、その口を松笠のように歯で喰い欠き、中空の鈴玉二つをいれ、三つの玉をくいしめるとあり、「上々の方」は、鈴玉二つ、鉛玉一つ、あわせて三つの玉を鳥の子紙で袋を拵えて結ぶとある。

田付流にも「大くるり玉」と「小くるり玉」が、井上外記流にも「くるり玉」が、そして安見流にも「曲玉」があるが、この三流派の玉はいずれも一つ、井上外記流以外は相玉に穴をあけて、そこに道芝10本ばかりを通して両方から出して切った玉で、使途は水面を走る玉と説明し、津田流のいう三つ玉の「くるり玉」と構造をことにしている。津田流では使途にふれないものの、中空の鈴玉があるのは水面を走る玉を思わせる。

伝統的な弓矢の矢羽や鏃は軍用と猟用、それに射芸用の3種があった。たとえば、矢羽は矢の揺れを押さえ、水平に真直ぐ進むように二枚羽としたが、二枚羽は風に弱いので二枚の羽をくわえて上下左右の揺れを押さえる四枚羽、四立(よたて)が、さらに矢に回転をあたえる三枚の羽をもちいた三立羽が工夫された。鏃も狩猟用には、刃先が両方に開いた狩胯(かりまた)があり、とくに水禽走獣の羽や脚を射切るのにもちいた。

軍陣用に先を鋭く尖らせた尖根(とがりね)、その扁平なのを平根、火箸の先に刃をつけた丸根、形状が柳の葉に似ている柳葉など多様であった。山野の狩猟ではなく水辺で魚を獲る鏃に魚根がある。鏃の上部に目貫で両翼を取り付け、射込むときは両翼がつぼみ、引くときに獲物が抜け落ちないように開く鏃である。このように伝統的な弓矢の鏃は使途にあわせて多様であったが、刃先を丸く月形にこしらえて、もっぱら水面に射

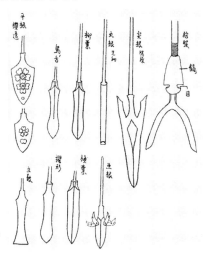

図1　鏃の各種（鈴木敬三著『武器と武具の有職故実』（吉川弘文館）所収）

流して水禽の脚を射切るのにもちいた平狩脵の 箭 があった（鈴木敬三氏
『武器と武具の有職故実』）。

　鉄炮の「くるり玉」は水面を走る玉とあり，名称は矢の鏃に由来していた
のである。おなじ「くるり玉」であっても流派によって拵え方にちがいのあ
ることは砲術諸流の武芸者が挙って水面を走る玉を工夫したことを示唆して
いる。自由斎流は津田流から分派したので，林泉右衛門に授けられた「曲
玉」は，鉛の劣玉一つと鈴玉二つを紙で包んだ三つ玉と推測するのである。

⑷　「鎧通しの玉」と甲冑の変容

　つぎの「よろいどをし（鎧通）」は文字通り鎧を貫通する玉である。いま
だ鉄炮が戦場に登場する以前の甲冑は，短冊形の革札と鉄札を交互にかさね
て胴などを仕立てた腹巻・胴丸という形式であった。しかし，戦場に大量の
鉄炮が投入された元亀・天正年間（1570 ～ 1591）になると，それまでの腹
巻・胴丸での防禦がむずかしくなり，鉄板札や鉄板で胴全体を仕立てた当世
具足が出現して主流になった。ここでいう鎧通しとは，当世具足の鉄板札や
鉄板を打ち貫く玉である。

　さきに引用した安見流『玉録集抜書』は「鎧トヲシ」の玉を「強 薬 を込
め，玉はさねわりと云，矢の根を沓巻より切って入れて討なり」と説明して
いる。「さねわり」は甲冑の札を割る，すなわち，鉄板札を破る意味であり，
強力な火薬を込め，矢柄に鏃を差し込んで糸で巻いた沓巻の部分を切って込
めるとある（『安見流鉄炮之書』）。おそらく自由斎流の鎧通しとは，安見流
のいう「鎧トヲシ」の類であろう。

　通常の鉛玉では，当世具足に対して効果が薄かった。たとえば，慶長 19
年（1614）12 月に徳川家康が奈良の甲冑師岩井与左衛門が進上してきた具
足を砲術武芸者の稲富宮内重次に命じて三匁五分玉で試打ちをさせたところ，
小筒から放たれた玉は具足を貫通しなかったという（『駿府記』）。また明暦
2 年（1656）甲冑師の雪下伊助の鍛えた前胴を幕府鉄炮方井上の麻布屋敷で
大槻十郎大夫が四匁玉二放，六匁玉二放で試したが，やはり貫通しなかった
という（『忠山公治家記録』）。玉の材質にはおよんでいないが，通常の鉛の

丸玉の試打ちと推測する。

写真4　鉄炮の普及による甲冑の変容

色々威腹巻　　　　　　　紫糸肩裾取威胴丸　　　　　紺絲素懸威具足
（国立歴史民俗博物館所蔵）　（国立歴史民俗博物館所蔵）　（久能山東照宮博物館
　　　　　　　　　　　　　　　　　　　　　　　　　　　所蔵）

(5)　「大射貫の玉」

　つぎに浅野幸長が師匠に教示を懇願した「わういぬきの（大射貫）事」の説明に移りたい。さきにもふれたが，天正13年（1585）6月の『玉こしらへの事』に「いぬきだま」とあり，その説明に「なまりとすゞとうぶん」（鉛と錫等分）とある。「いぬきだま」は射貫玉，鉛と錫の合金は硬く貫通力があり，これが名称の由来になった。江戸時代，遠射は町打ちといい，十町以下を近町，それ以上を遠町とよんだ。浅野幸長は三町，四町の射程だから近町の秘伝を尋ねているので，大射貫とは遠射用の射貫玉のことである。

　つぎの「大とを物（大遠物）」は意味がとりにくいが，「大遠物の次第，先細にし竹束の折りは入太く先を作るなり，黒金の時は先三角，堅木の時は唐金玉，黒金玉よく，まつ木柔らかなる木の時は鈴玉よし，三町の目当（目標）の時は鉛玉よし」と読める。これは遠射にもちいる玉のことだが，竹束や鉄，あるいは堅木，柔木と標的の材質に応じて，唐金玉，黒金玉，鉛玉，

87

中空の鈴玉をもちいると説明しており，まさに多様な玉の存在を伝えている。浅野幸長が師匠の奥弥兵衛に教示を願ったのは，こうした各種の玉の秘伝であったのである。

(6) 鉄炮火矢の起源

　数少ない文献史料と出土遺物や伝世資料から戦国時代の多様な玉の存在があきらかになってきたが，天正13年6月の『玉こしらへの事』に「やだま（矢玉）」が，文禄3年（1594）2月の岸和田流に「やだま之大事」がある。『玉こしらへの事』は矢の図がなく，丸玉だけを図示するが，これは送り玉である。また井上外記流の「一本矢玉」の秘伝は「下薬を込め，つぎに空玉（中空）を入れ，筒長より五寸ほど長い矢を込めて，巣口（銃口）の中央に矢柄がきっちり納まるように紙をつめて発放する」との説明がみえる（『玉込様秘伝』）。空玉は送り玉，玉は矢そのものであり，「やだま（矢玉）」はこの類であろう。

　ところが，矢の根に火薬を仕込んで放つ鉄炮火矢（箭）もはやくから存在した。たとえば，永禄12年（1569）3月15日付の自由斎流の秘伝に「火矢の薬方」として「エンセウ（焔硝）四文メ，イワウ（硫黄）四文メ，ハイ（灰）一分」と発射薬の調合が記され，これは「松肥相伝」とある（有馬成甫氏『火砲の起源とその傳流』）。この「松肥」は慶長13年（1608）卯月12日に稲富一夢が荒川左兵衛に授けた「松浦火矢薬」とおなじ秘伝であるが，この人物は倭寇の王直と結んで巨万の富を築いた肥前平戸領主の松浦肥前守隆信（道可・慶長4年没）と推測される。すでに弘治年間，平戸では鉄炮が作られていたと，明末の鄭舜功の『日本一鑑』は記しており，同所では松肥相伝の文言が示唆するように，はやくから砲術武芸が流行していた。

　ちなみに寛永年間（1624〜1643）に平戸藩士大曲藤内の『大曲記』は，松浦道可が外国船から鉄炮と火薬を年々たくさん買い置き，近習や外様の衆に鉄炮を稽古させたので，みなが下げ針を打つほどの上手になり，小鳥は，もちろん駈鳥も打った。はじめて鉄炮を作ったのは多祢が島と平戸津であると伝えている。

88

研究の視点Ⅰ　戦国時代の多種多様な鉄炮玉の世界

⑺　実戦に投入された鉄炮火矢

つぎに鉄炮火矢の秘伝が相伝されて実戦に投入された事実を伝える唯一の史料を紹介したい。元亀2年（1571），安芸の毛利氏は版図を拡げて，三好・宇喜多両氏と対峙した。毛利氏に与した備中松山城の三村元親は同年7月4日，毛利家臣の粟屋元真に書状を送った。そこには「鉄炮火箭を相伝したこと一段と満足である。鉄炮火箭をたくさん拵えて，是非とも敵の城を焼き崩してくれれば大慶である」とあった（『萩藩閥閲録』）。三村元親の書状は砲術武芸が戦場と直結した事実を証明している。

　鉄炮火矢の作り方は流派によって工夫があった。たとえば，慶長4年（1599）年3月の安見流秘伝書の作り方をみると，まず上部をあけた細長い籠を作り，三匁の火薬をいれた鳥の子紙を何枚もかさねて細長い袋状にして上下を結び，これを細長い籠にいれて矢の根に結び，発放の直前に先端に取り付けた火薬に点火する。永禄12年の「松肥」の矢の焼薬の成分は不明だが，安見流のそれは発火を保持し，持続させる効果のある鉄砂，すなわち，砂鉄を混入させている。このように砲術武芸者は敵陣を焼き崩すための鉄炮火矢の工夫を絶え間なく続けてきたのである。

4　現存最古の『玉こしらへの事』の秘伝

⑴　現存最古の玉の秘伝書

　前日本オリンピック委員会常任委員を務めた故安齋實氏は砲術史・資料の蒐集家として著名であり，その数千点におよぶ史料群は，現在，千葉県佐倉市所在の国立歴史民俗博物館に収められている。さきの井上外記流の『御伝授玉』，稲富一夢が大久保藤十郎に授けた『稲富流秘伝書』，それにたびたび引用する天正13年（1585）6月吉日に宮崎内蔵人佐が南左京亮に授けた『玉こしらへの事』もまた安齋實氏の蒐集品であるが，とくに三番目の玉の秘伝書は現存最古のものである。あいにく流派名を欠いているが，差出の宮崎内蔵人助（佐）なる人物の名前が慶長13年（1608）3月と5月の中条次郎右衛門発行の『鉄炮伝書』にみえるので中条流の可能性がある（「有馬成

89

甫調書」)。

(2) 『玉こしらえの事』の解読と解説

本秘伝書には38種の玉が記載されており，当時（天正13年），流行していた多様な玉の存在を伝えている。以下に本文を解読し，砲術諸流の玉の秘伝を参考に一部に解説をくわえながら紹介したい。（本文は太字で示す）

写真5 『玉こしらへの事』巻首巻末の部分（国立歴史民俗博物館所蔵）

① **いぬきだま，なまりとすゞとうぶん。**

射貫玉，鉛と錫を等分と読める。鉛と錫の合金。この玉は腐食すると白みを帯びる。玉は一つ，伊豆の山中城跡から147個が出土し，浅野幸長が奥弥兵衛に尋ねた「大射貫の玉」はこの類の遠射用の玉である。

② **ねじ玉，二ついがた也。**

「ねじ玉」は二つ鋳型で造られた玉。さきで二つに分離する「二つ玉」である。津田流・安見流・稲富流・田付流では「くいしめ玉」とよんでいる。

③ **ひてつはう，とおく行玉也。**

図は玉の下に小さな穴がある。「ひ」は火か不明，とおく（遠く）行く玉。

④ **あひこミ，さきすゞたま也。**

「あひこミ」は相玉の意味か，玉はふたつ，さきは「すゞ玉」とあり，図が塗りつぶされているので「錫玉」であろう。

研究の視点I　戦国時代の多種多様な鉄炮玉の世界

⑤あたりだま，あとさきハリかけたま也。

　玉は三つ，後先「はりかけ（張懸）」とあるが，これは金属加工の技法である。

⑥　さうはうともに，ハリかけ也，すゞ玉。

　「さうはう」双方の意味，玉は二つ張懸，二つの玉の図は半分を黒，半分を白くしているのでこれは中空の鈴玉のことである。

⑦　さうはう同事也，おしこミだま也。

　「さうはう」は双方であり，ふたつ玉，おしこみ玉とよんでいる。

⑧　あとさきゆるく，なかつよく候也。

　玉は三つ，玉着図は上二つ下一つ，玉の名称はないものの，井上外記流では「下三角玉」とよび，その込め方は「下薬一匁六分込め，二分劣玉の錫玉を込め，その上に薬二分いれ，また二分劣りの本玉を込め，また薬二分をいれ，錫玉を込める」とある。本図の玉の間に「二薬」の文字が読める。口径に合う玉を相玉，幾分小さい玉を劣玉とよんだ。

　慶長18年8月の宇多流の『初学抄』の「玉込之事」に「かん玉三ッなり」とあり，「二分劣玉を三つ」とある。これは井上外記流の「下三角玉」とおなじであり，また井上外記流の「上三角玉」も，やはり「かん玉三ッなり」とあり，「玉は三つ，先は土をいれた玉，つぎは相玉，後は二分劣玉」とある。さらに津田流では「かんたま三ッ也，二分劣玉」とあり，名称を「かんたま」としている。ここでは細かな説明はないものの，薬込二分とあるから⑨とともに「かん玉」の類である。なお，「かん玉」の「かん」は雁の意味である。

⑨　あとさきつよく，なかゆるくたま也。

　これは⑧の逆，玉着図は上一つ下二つ，玉の名称はないものの，井上外記流では「上三角玉」とよび，その込め方を「下薬一匁四分込め，二分劣玉に小刀目を当てて込め，また薬二分いれ，相玉を込め，また薬二分をいれ，二分劣の玉を紙に包む」とある。

91

⑩　さきハりかけ，一ツハまるたま。

　玉二つ，先は張懸で中空，一つは丸玉。

⑪　うし（牛）のかハたま，はるくひの方に込め申候。

　玉の名称は牛の韋玉，図をみると「くひ（い）」の突起がある。

⑫　同うしのかハたま，これもうしのかハはるたま也。

　これも⑪とおなじ牛の韋玉であるが，二つ玉，後の玉は図をみると鈴玉にみえる。

⑬　いとひきだま，きれつゝの玉也。

　玉の図をみると，玉の下に向って細い線がみえる。それで名称を「糸引玉」とした。きれつゝは「切筒」と書き，玉の下がる意味。種子島流では「糸引」とよんで「鋳型に割目をつけ，糸を十文字にいれて余った糸をより合せて三寸四，五分先を結んで紙に包んで込める」とし，生鳥，小鳥によい玉とある（『関家文書』）。

⑭　けりたま，同是もあたりだま也。

⑮　三かくたま［虫損あり］

　図は三角になっている。文禄３年２月の岸和田流の『めあての大事』に「三角玉」とある（『守田神社文書』）。

⑯　あとさきかたふたつく，なかハまるだま也。

　後先は片蓋，中が丸玉の「三つ玉」である。新潟県上越市の永池山遺跡から「かたふた」が出土し，小田原市所在の小田原城天守閣には６個の片蓋が伝世している。単体では使用しない。

⑰　あとさきあかがね，なかハなまり，これはつゝミ玉也。

　後先が赤銅，なかは鉛で包み玉，安見流では玉二つの鋳口をよけて十分一ほど削った所に小刀で穴を十計つきあけて，両方の削り目をねじ合わせにした「くいしめたま」を紙で包み両端を糸で結んだ玉を「つゝミたま」とよんでいる。こちらは後先が銅，中は鉛の三つの玉を紙で包んだものであり，おなじ名称でも流派によって拵え方がちがっていた。

研究の視点Ⅰ　戦国時代の多種多様な鉄炮玉の世界

⑱　一ツなまり，一ツハいかけ，ひつこ三たま也。

　一つは鉛玉，一つは鋳掛で拵えた玉。

⑲　こすじかい，つなぎハはり鐘也，なかさいたま也，さきハつよく候也。

　図と説明によると玉四つを針金でつなぎ，後に中空の玉があり，玉数は五つである。図では読み取れないが，稲富流では「さい玉」の「さい」を賽の目にならって四角玉と説明し，宇多流も四角の玉とよんでいる。「なかさいたま」は賽玉の意味。

⑳　こすじかい，二ツづゝもとおらせる也，なかにハ二薬。

　これも「こすじかい」とよんでいるが，図と説明をみると，2個つないだ玉がふたつ，薬二分，つぎに中空の玉をいれて玉数は五つである。諸流の「小すじかい」の秘伝をみると，津田流は「こすち（小筋）かい玉五ッこ三申也」とあり，安見流でも「こすじかい玉は玉数五つ」とあり，井上外記流もおなじである。玉のつなぎ方や込め方は，流派によって工夫があったが，複数流派が「こすじかい」は五ッ玉とした。

㉑　立あひたま，三ツともに，はじたま也。

　図をみると長方形のはじたま（端玉）が3個ならんでいる。

㉒　水たま，竹に三つヲツキ口ヲサシ，同つくべし。

㉓　もとおらせ一ツ，一ツハゆるく候也。

㉔　さうはう（双方）共に，ゆるく込候也。

㉕　さきすゞ（鈴），あとハつよく候也。

㉖　さげはりの玉，二ツハツなく，もとおらせ，薬，さきハはじたま二ツナリ。

　「さげはり」は下針の意味だとすると，井上外記流では「玉に穴を鋳明けて鉛の釘を3本さし，両方の穴から釘を四分ほど出して込める」とあり，宇多流でもおなじ説明をしている。さらに安見流では玉に鉛の釘をさし，両端を四分出す玉を「つりはり玉」と称して「二つの玉をつなぎ，端玉二つ」とある。井上外記流と拵え方がちがい，宇多流と名称をことにしている。

93

㉗　大筋かい，四ツつなぐ，はりがねニてす「つ」なくべし，あいをよりて
　　まく，ニツもとおらせ，つよく。

　図をみると四つの玉を針金でつなぎ，さらに二つつないだ玉，それに一つ，
あわせて七つの玉を込めた。図みると四つの玉を針金でつなぎ，さらに二つ
つないだ玉，それに一つ，あわせて七つの玉を込めた。

図2　諸流「筋ちがい玉」の比較

名称　　流派名	小筋かい玉	中筋かい玉	大筋かい玉
本史料 （天正13年）	玉数5個 玉数5個		玉数7個 玉数8個
津田流 （慶長6年以前）	玉数5個 五分劣玉	玉数7個 七分劣玉	玉数9個 九分劣玉
安見流 （慶長4年）	玉数5個 五分劣玉	玉数7個 七分劣玉	玉数9個 九分劣玉
田付流 （慶長17年）	玉数4個	玉数5個	玉数6個
井上外記流 （江戸初期）	玉数5個 五分劣玉	玉数7個 七分劣玉	玉数9個 九分劣玉

㉘　同大筋かい，からよりニてつなぐべし四ツゝ，同つなぐへし。

　これも大筋かいとよんだが，図と説明から玉四をつないだ玉が二つ，あわ
せて八つの玉であるが，つなげるのは針金ではなく唐縒りである。この大筋
かいも他流のばあいをみると，安見流では薬と九分劣玉を交互にいれて「中
に込める玉数九つ」，井上外記流・安見流でも九分劣玉「以上玉数九つ」と
ある。

　なお，田付流では筋かい玉を「大筋かひは玉六つぶ，中筋かひは五つぶ，
小筋かひは四つぶ」とあって玉数が諸流とちがっている。

㉙　もんやぶり四ツゞはりがねにてつなぐべし，同つなぐべき，もとおらせ
　　る，はじたま。

　図と説明によれば「もんやぶり」は針金でつないだ玉四つを二つ，それに
玉二つ，紙，端玉を込めている。名称が門破りとあれば，城門などを破壊す
る玉である。

　種子島流の門破は，「長さ一寸五分，幅一寸の鉄の先を四角六角に尖らし

研究の視点Ⅰ　戦国時代の多種多様な鉄炮玉の世界

て，紙を二重も三重にも張って込める」とあり，その威力は「盤石にても不抜と云事なし」と伝え，本史料の玉込めと随分とちがっているが，諸流によって工夫があった（『関家文書』）。

㉚　ニツナリ，

㉛　こ鳥だま，かミ（紙）にてつゝむべし，

㉜　もとおらせる四ツつゝ，同ツナキ也，つよく也，

㉝　つれだま

㉞　あとさきかるき，なかハ二ツ十文しにハリ□ツゝむべし，

㉟　つくこ玉，さきハ本玉也，あとハはりこしらヘツゝむべし，

㊱　不明

㊲　やたま（矢玉）。

　文字だけで形状は不明だが，矢を飛ばすための送り玉と推測する。文禄3年2月の岸和田流の秘事に「やだまの大事」とある（『守田神社文書』）。

㊳　すゞめいるたま。

　文字どおり雀など小鳥を射る玉，文禄3年2月の岸和田流の秘事にも「すゞめうつ玉之事」とある。（『守田神社文書』）

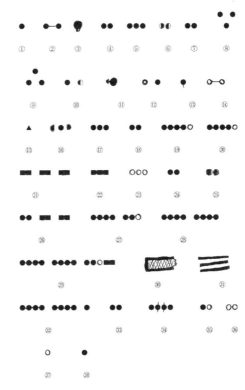

図3　『玉こしらへの事』から執筆者が制作した玉込図

95

5 狩猟社会を変貌させた鉄炮

(1) 砲術秘伝書にみる玉の名称

　天正 13 年 6 月の『玉こしらへの事』には 38 種の玉が記載されていたが，すでに鉄炮が伝来して三，四十年が経過していた。鉄炮の技術はここまで発達を遂げていたのである。その後，慶長・元和年間の砲術諸流の玉の秘伝をみると，さらに玉の工夫の続いたことがわかる。同名異種，異種同名もあると思うが，すでに紹介した井上外記流と稲富流を除いた諸流の玉の名称を列挙して工夫の足跡を確かめたい。

○津田流『玉こミの事』『極意玉込之集』（大分・個人蔵）

　豊後佐伯藩祖毛利伊勢守高政から染矢治右衛門が拝領した慶長 5 年以前の津田流秘伝書。

　　　くいしめ玉・草こミだま・にんしんたま（二心・二親玉）・同たま・おるくり（追栗）玉・同玉・がん（雁）だま・同玉・こすぢ（小筋）かい玉・中すぢ（筋）かい玉・大すぢ（筋）かい玉，

　　　（極意玉込之集）上々つなぎ玉・上々くるり玉・上々雁玉・上々二心玉・上のくるり玉・上の夢相玉・上の知死子（ちしこ）玉・上のくいしめ・上の水そこ（底）の玉・ほたる（蛍）と云玉・上のくるり玉・むこまいと云玉・りかたという玉・上のハリ玉・上々のおいくり（追栗）玉，以上 26 種。

○安見流『玉こミの事』（千葉・国立歴史民俗博物館所蔵）

　河内出身の安見流の祖安見右近丞一之自署の秘伝書は『山内家史料』の慶長 3 年 11 月の山内対馬守一豊宛と慶長 4 年 3 月の堅田兵部少輔元慶宛がある。安見右近丞一之自筆本の後者からの引用。

　　　わり玉・ぐのめ玉・いやぶり玉・くゐしめ玉・ほぞ玉・いきり玉・つりはり玉・つゝミだま・二親玉・ちかい玉・障子かへし・小すぢかい玉・中すぢかい玉・大すぢかい玉・おひくり玉・雁玉，以上 16 種。

○種子島流『玉拵之書』（茨城・個人蔵）

　本奥書は慶長 15 年 3 月，上杉家の種子島流の丸田九左衛門盛次が関八左

衛門之信に授けた秘伝書。丸田は直江兼続に命じられて大坂の片桐少輔に師事して種子島流を伝授され，上杉家で流行した流派。寛文3年3月に関流（南蛮流）砲術師範五代目の関内蔵助勝信の写本。

　　陰陽の玉・三夕玉・四行玉・五行玉・六行玉・七行玉・八卦玉・九星・至極玉・魂魄の玉・生捕玉・木段玉・松笠玉・うらぬけ・門破・大風・くものい・羽天狗・朝嵐・飛鳥当玉・板付・波くゞり・すり付玉・割玉・糸引・りうこ玉・はりがね玉・虎の尾玉・龍・獅子・土玉・矢玉，以上32種。

○田付流『連玉集』慶長17年田付兵庫助景澄の原本，宛名は抹消
（東京国立博物館所蔵）

　　小鳥玉・はらき玉・いきり玉・盤石玉・しもく玉・毒玉・九曜といふ玉・竹林といふ玉・大筋かひ・中筋かひ・小筋かひ玉・ゆひきり玉・くくり玉・つなぎ玉・七夕玉・四目玉・五目玉・同玉，

　　（連玉集中）しめ玉・七ほうといふ玉・三友玉・連理といふ玉・わりたま・くひしめ玉・二紙玉・小二親玉・水走といふ玉・大くるり玉・小くるり玉・波くぐり玉，

　　（連玉集下）追くり玉・同上の追くり玉・草籠玉・ちしご玉・町扇笠打玉・秘龍足玉・鯨息飛玉・如意玉，以上28種。

○宇多流『初学抄』写本「第四十七玉込之事」慶長18年8月
　鳥居半入斎　宛名欠（東京国立博物館所蔵）

　　障子返し・（四つ玉）・ぐの目玉・女七夕・男七夕・さけばり玉・送り玉・かん玉・地火・天火・空華必死の玉・時割玉・くいしめ玉・ちしご玉・風きり玉・ひよく玉・いやぶり玉・くまり玉・にばん玉・木がらし・乱玉・ほぞ玉・さい玉，以上38種。

⑵　玉の分類一覧

　玉の名称の多さから戦国時代に軍用と猟用の多種多様な玉が工夫された事実はあきらかだが，依然として正体不明な玉も少なくない。本稿で話題にした玉の一部を大雑把な分類一覧を作成して示したい。

○複数玉数

二つ玉・四目玉・五目玉・陰陽の玉・三夕玉・四行玉・五行玉・六行玉・七行玉・八卦玉・九星・みだれ玉。

○構造・形状・製法

劣玉・相玉・くいしめ玉・ねじ玉・連離玉・割玉・切玉・つなぎ玉・さい玉・鈴玉・糸切玉・上三角玉・下三角玉・牛の革玉・三角玉・かたふた・つつみ玉・小筋かい・中筋かい・大筋かい・鉄切玉・銅打玉。

○威力・用途

地獄玉・さけはり玉・射破玉・大ころし玉・射貫玉・大射貫玉・さねわり玉・鎧通しの玉・鉄炮火矢・矢玉・門破り・どく玉・人の胴を射切る玉・水走玉・水そこ玉・雁玉・小鳥玉・すずめ射る玉。

○材質

黒金（鉄）玉・唐金（青銅）玉・鉛玉・白目玉・錫玉・土玉・鉄矢・火矢。

(3) 玉にみる砲術流派の交流と思想性

「くるり玉」は用途，「さねわり」は威力であるが，ともに先行する弓術の鏃に依拠し，また水底の獲物を打つ玉として，津田流の「上の知死子玉」，田付流の「ちしこ玉」，井上流の「ちしこ玉」，稲富流の「ちしご玉」があった。「ちしご」は「知死子」とも書き，これは人の死期は潮の干潮，すなわち，水が支配するという運気論の「知死期」に由来した。

さらに種子島流の玉の名称は玉数を「陰陽の玉・三夕玉・四行玉・五行玉・六行玉・七行玉・八卦玉・九星」と陰陽五行説を意識している。砲術諸流の武芸者は，その時代に流行した思想を取り入れて流派の伸張をはかったのであるが，玉の名称から流派の思想性を読み取ることもできる。

鉄炮が伝来すると諸国に砲術武芸の流派が起こったが，諸流は交流しながら秘伝を共有した。たとえば，ここでは言及しなかったが，安見流と伊勢守流，安見流と一火流，宇多流と稲富流のように鉄炮の起源・伝来・伝播の説に共通性があり，玉の名称は「すじかい玉」は津田流・安見流・田付流・井

上外記流にあったが,「小筋かい玉」「中筋かい玉」「大筋かい玉」の玉数の一致は津田流・安見流・井上外記流であり,田付流は玉数が合わない。そして稲富流には「つなぎ玉」はあるが,「すじかい玉」の秘伝がない。そして稲富流と宇多流は「ぐの目玉」「障子返し」「木がらし」「みだれ玉」「さい玉」などが共通している。

また田付流と稲富流にある「とく玉」は毒玉のことで,説明によると,蝮と班猫という毒虫と松ぼっくりのように疵をつけた鉛玉を一緒に鍋で炒め,できたら竹の筒に納める,とある。そして「どく玉」を作るときは手袋をしないと危ないとしている。毒玉が実用に供されたかは定かではないが,砲術武芸者の飽くなき工夫を伝えている。

(4) 秘伝書にみる狩猟の習俗

『玉こしらへの事』と砲術諸流の玉の秘伝から戦国時代に多種多様な玉が存在したことが明白になったが,たとえば「三つ玉」の「かん玉」は雁玉であり,「いとひき」は「糸引玉」で生鳥,小鳥によい玉,また紙に包んだ「小鳥玉」「雀射る玉」,水底の獲物を打つ「ちしご玉」,さらに秘伝書は鶩には「クイシメ玉」,鴨二羽には「追くり玉」と絵図で狙点を示している。

写真6　南蛮流「第四シル田之位」(大阪城天守閣所蔵※無断複製を禁ず)＊画像は『歴史のなかの鉄炮伝来』(国立歴史民俗博物館)より転載

また南蛮流の藤井一二斎輔縄の高弟石田左近の元和4年(1618)の秘伝書の「身構え方」に「第四シル田之位」の図があり,武士が高下駄をはいて腰を下ろした姿勢で鉄炮を構えている。まさか高下駄をはいて戦場に赴くことはないから,シル(汁)田の秘伝は,泥濘で水鳥を狙うときの鉄炮の反動による転倒をふせぐ狩猟の射法である。

さらに文禄3年(1594)2月の岸和田流の吉田善兵衛盛定が流祖の消息を「もと薩摩の商人だったが,豊後のある村で鹿放の射法をならって一流を起

した」と述べている。

　鹿を打っていた人物が農民なのか，猟師なのか，はたまた武士なのか，その素性は定かではないが，ともかく伝来した鉄炮は狩猟社会に多大な影響をあたえたのである。

　鉄炮と狩猟が密着していたことは岸和田流の起源が語っているが，同流の秘伝書には「鉄炮にあたるものは人間のみならず，鳥類畜類までもみな不幸になるが，即身成仏は疑いない」と獲物の成仏を説いており，鉄炮による狩猟が砲術武芸の領域にあったことがわかる。

　さらに獲物を狙う目当を具体的に

　　　「たにそこ（谷底）のめあての事，せミねをわけてうつべし」「つる（鶴）のめあての事，毛のつけねをうつべし」「がん（雁）のめあての事，一のはをうつべし」「木鳥のめあてふと身をうつべし」「さわ（沢）下のめあて三のはねをうつべし」

の記述がそれを明示している（『守田神社文書』）。

　安見流の流祖は河内出身の安見右近一之であるが，慶長4年（1599）3月15日に堅田兵部少輔に授けた「四拾一ヶ条」にも狩猟の秘伝がつぎのように散見する（『安見流鉄炮之書』）。

　○半腰とは，岸の際に立つと姿が露わになって鳥が飛び去る。伏せれば岸が邪魔して鳥が見えないので半腰の構えで鳥の腹を狙って打つとよい。

　○四季目当の事，四季には冬春と夏秋の二通りがある。冬春は草木の葉がなく鳥の姿がよく見えて狙いやすいが，夏秋は草木の葉が茂り，鳥の姿が見えにくいので，首の見えるところを狙うとよい。

　○駆鳥の目当は前後からも脇からも首のつけ根を狙い，玉は雁玉をもちいる。

　○定木の目当とは，谷川などの鴛鳥は人を見て瀬を下るから，水の流れの先で待ち伏せして狙う。馬乗などは道の先にて狙い，走物などは二，三尺先を狙い，また木竹の末で揺れている鳥は風下から狙うとあたる。これを定木という。

研究の視点Ⅰ　戦国時代の多種多様な鉄炮玉の世界

○木鳥を狙うときは，鳥が飛ぶ前後，上下をよく分別して打つべきである。

○月夜の木鳥は月に向かい，月の光を目当に打つものである。

このなかには馬乗，すなわち，騎馬武者は道の先を狙うと軍用の秘伝もあるが，鳥類畜類の秘伝も少なくない。さらに宇多流の慶長13年（1608）11月の秘伝書の三段は，狩猟の秘伝で埋め尽くされている。これも一部を紹介しておきたい。

○堤も畔もない所の鳥に近づくには，其所の人の真似をする。畠地ならば鍬で草を刈る真似，田であれば畔の草を刈る真似をする。雉子に近づく時は，山であれば木の葉，里であれば竹の葉の笠を被ったり，それを着てもよい。

○鴫・鷺などに近づくときは，長い草を編んで楯にする。

○青鷺・小鷺など足長の鳥は煙をみると足を屈めるから，ほかの鳥よりも少し切る（狙いを下に向ける）ように打つものである。

○鳩鳥などの木鳥は羽縁と頬のあいだを狙わなければならない。すべて木鳥は越す（玉が上向きになる）ものである。また木の葉に隠れてみえない鳥はその木の葉を狙って発放する。

○おなじように雀の類の小鳥は，十間前後の距離で発放するものである。

○鶉・川蝉は煙をみると下がるから，乗せて（手前を狙う）みるものである。

宇多流，あるいはつぎに紹介する安見流の「その在所の人の真似して鳥に接近する」秘伝は狩猟の習俗であった。信長は無類の鷹野（狩）数寄者であったが，『信長公記』はその光景を「馬乗りの武士が藁に虻をつけて，鳥の廻りをゆっくり廻りながら，次第に近づくと，信長が馬の影から鷹を出した。そのとき，鍬を持たせて野人の真似をした向待という者が，鷹が鳥と組み合ったところで鳥を押さえる役目をした。信長は鷹狩が達者であったので，何度も鳥を押さえた」と伝えている。

宇多流の秘伝書の冒頭には「そもそも鉄炮に向かったときは，他念があってはならない。顔は上下左右に歪まず，身は盤石のように心を鎮めて，冬の寒い夜に山野に霜がふるのを聞くように」と心得を記し，とくに鳥獣の射様

101

が大事と強調している。描かれた鳥獣の絵は動物の特徴をよく捉え，生態の記述も的確である。

写真7　秘伝書に描かれた狩猟技術（『宇多流秘伝書』）

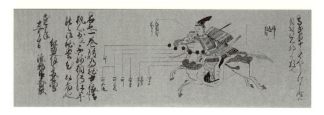

『宇多流秘伝書』1巻：国立歴史民俗博物館所蔵，縦18.2cm・全長476cm
・「慶長十三年霜月廿一日」の年記のある紀州出身の宇多長門守景末を流祖とする宇多流の秘伝書，全7巻。

　さきに指摘したが，安見流は鳥に近づく秘伝を「鳥に寄様之事」として，堤畔の鳥は高所から寄って低所から放つものである。堤も畔もなく身を隠す所がないときは，その所の諸人の真似をして，畠ならば畔草を刈る真似をして，田ならば鍬を使う真似をして近づくものである。また雉に近づくときは山ならば木の葉，里ならば竹の葉にて笠に飾るとよい。鴨鷺などに近づくときは長い草を編んで楯にすると伝えている。

　黒色火薬は多くの煙を発生させた。稲富流の秘伝書には，足の長い鳥は煙をみると，身を屈めるとして，煙を見えにくくするために火薬に工夫をくわ

えた。それが常の火薬に女子の「しゃれこうべ」を粉末にして混ぜると煙が白くなるという。なんとも不気味な秘伝であり、毒玉とともに実用に供されたか定かではないが、砲術武芸者の工夫の執念が伝わってくる。

戦国時代の山野には鳥類畜類が群居していた。戦国武士が狩猟に熱中したのは日常の食料の確保のためでもあったが、戦場を疾駆する騎馬武者や物陰にひそむ敵兵を想定して、山野を駆け回る鳥獣類、すなわち、動く標的を狙う狩猟は大いに戦場で効果を発揮したのである。

むすび・・・戦国の玉は忘却の彼方に・・・

戦国時代の砲術武芸の射法は軍用・猟用・射芸の星打ちの３種があり、それに応じて玉の種類も多様であった。しかし、天下泰平の江戸時代になると、戦場を疾駆する騎馬武者や武士を標的とする動的射撃が姿を消し、大名屋敷の角場（射撃場）や郊外の原野や海辺に設けられた町打場（遠距離射撃場）における静的射撃が中心になって「鉛玉一放」の射法が定着した。

江戸時代に大流行した荻野流の『百ヶ条聞書』が「玉に色々有る事」の一条で「切玉・つなぎ玉・割玉・鎖玉・茶筅玉・水鳥玉などいう類なり、（省略）いづれも調法なるようにして実なきもの也、（中略）然を用に立ものなど誤事多し、玉は相玉・劣玉の二つの外なし」と述べ、戦国時代の多種多様な玉は「実なきもの」「用に立ものなど誤事多し」とし、口径に合った相玉、それより幾分小さな劣玉の２種だけだと伝えている（『日本武道全集』）。

荻野流は荻野六兵衛安重（元禄２年没）を流祖とし、嫡子照清・養子照永と続き、江戸時代を通じて大流行した流派であるが、大小の鉄炮のほか、とくに大筒による玉と棒火矢の町打を得意とした。もちろん江戸時代の砲術武芸も軍用をつよく意識していたが、所詮、それは平和な時代の産物であって戦国時代に工夫された軍用と猟用の多種多様な玉は過去の遺物になり、かろうじて一部の砲術秘伝書に伝承され、まれに遺物として今の世に伝えられ、あたかもその存在を主張するかのように古戦場や城跡から出土するのである。

コラム：古戦場の風景
戦国武人②

「長篠・菅沼氏」の二人の人生

　武田信虎が甲州の統一を目指し、今川氏親が三河にその影響力を強め始めた永正5年（1508）、奥三河荒尾・岩古屋城の菅沼元成は、今川の勧めで平野への出口に長篠城を築いた。元成の嫡男は新九郎を名乗り、長篠菅沼の最後の城主正貞（5代）に続く。一方、次男は遠州都田に移り、都田菅沼の祖となった。その後井伊氏に仕え、井伊谷三人衆の忠久へと続く。
　その正貞と忠久の二人…

悲運の城主「菅沼正貞」

　今川方の長篠城は、元亀2年（1571）武田軍に攻められ、同族の荒尾や田峰、武田の秋山らの勧めにより武田方に属した。翌年の三方ヶ原の戦いでは、田峰の菅沼・作手の奥平とともに武田方として家康軍と戦った。翌年、信玄の死を確認した家康は長篠城を攻囲した。城主正貞は、武田の援軍を待ちきれずに開城し武

合流点の長篠城

田方へ脱出したが、家康への内通を疑われ、信州小諸に拘禁されて武田滅亡とともに死去した。
　小諸で生まれた嫡男正勝は、家康によって紀州徳川の家臣となり、子孫は二千石で明治維新を迎えている。

井伊谷三人衆の「菅沼忠久」

　都田に移った菅沼は、しばらく長篠城の配下にあったが、子の元景の時に井伊谷の井伊直親に仕えた。今川方の井伊氏であったが、義元が倒れて以来次第に陰りの大きくなる中、同族の野田菅沼から「今川を離反し家康方へ」の誘いを受けた忠久は、同じ三河衆の鈴木重時（山吉田）、近藤康用（宇利）らと計って井伊谷三人衆として、永禄11年（1568）の家康の遠州侵攻の道案内をしている。後年、成人した井伊直政に仕え、忠久は天正10年波乱の人生を終えた。奇しくも、長篠城の正貞と同じ年であった。

　　　　　　原田隆行（長篠のぼりまつり奉賛会会長）

研究の視点 II

平尾良光・渡邊緩子

戦国時代の鉄炮玉の鉛同位体比測定

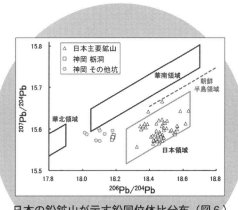

日本の鉛鉱山が示す鉛同位体比分布（図6）

長篠・設楽原で出土した45個（現存）の玉の内訳
- 玉の材料は　鉛36個，銅8個，鉄1個
- 材料の鉛の67％は日本産，33％が外国の鉛
- 銅玉の多くは中国産の鉛が含まれている

これを，1 mm × 1 mm × 0.1mm の錆で調べることができる

1 産地の推定法

　文化財資料に含まれる鉛の同位体比を測定すると，材料となっている銅や鉛の産地を推定することができます。この方法を鉛同位体比法[注1]と称しています。この鉛同位体比法を理解する上で，説明に使われる言葉や数式が難しいから嫌だと思う方はこの原理の 1 章を飛ばして下さい。でも，材料に含まれる鉛の同位体比を測定すると，東アジア地域（日本・中国・朝鮮半島など）では鉛の産地を 110 頁の図 5 と図 6 で示される地域として推定できることを認めて下さい。

(1)　鉛同位体比法とは

　鉛は古代から利用された金属の一つだけれど，一つ特筆される性質がある。それは鉛には重さが違う同位体（^{204}Pb, ^{206}Pb, ^{207}Pb, ^{208}Pb）があり，その量が時々刻々増加し，産出される場所毎に異なることだ。鉛の 4 つの同位体のうち，後者の 3 つの同位体はウラン（^{238}U，^{235}U）とトリウム（^{232}Th）が自然に壊れることで現在でも増加している。ウランとトリウムは放射線を自然に出して壊れるのだけれど，壊れる速さがそれぞれ異なっていて，鉛になる速さは一定ではない。この壊れる速さは半減期として表される。半減期とは現在ある量が半分になるまでにかかる時間のことをいう。例えば ^{238}U の半減期は 45 億年とされている。いまここに 10g の ^{238}U があっても，45 億年経つと 5 g に減少する。そして，次の 45 億年経つとウランが全くなくなるのかというと，そうはならない。10g が半分になるのに 45 億年かかるのだから，5 g ならばその半分（2.5g）が壊れ，2.5g が残っている。そしてその 2.5g は次の 45 億年後に 1.25g になる。このように半分，半分，また半分になる時間がそれぞれ同じという壊れ方をする。これを半減期という。ウランやトリウムから鉛が作られる半減期は ^{235}U が 7.1 億年で ^{207}Pb に，^{232}Th が 140 億年で ^{208}Pb になってゆく。

　鉛がウラン・トリウムと岩石などの中で一緒になっていると，ウラン・ト

研究の視点Ⅱ　戦国時代の鉄炮玉の鉛同位体比測定

リウムから新しく作られた鉛の各同位体は今まであった鉛と一緒になって増えてゆく。時間が経つにつれて各鉛同位体がだんだんと作られてゆくので，岩石全体の鉛同位体の量と同位体同士の比は順次変化してゆく。鉛が増える割合は岩石中のウラン・トリウムの濃度で異なり，また岩石の年代で異なる。それ故，鉛の同位体比から地質環境の違い（生産場所）を特徴づけることができる。岩石中の鉛同位体比の変化は地球科学という分野で地球の年齢，隕石の年齢，岩石の生成やその後の変遷を研究するために利用されている。これらの変化に関しての数学的な取り扱いは他の論文などを参照してほしい。
注2

(2)　鉛同位体比の変化

　地球が生まれた時に，鉛は他の多くの元素と一緒に岩石の中に含まれていた。鉛がウラン・トリウムと岩石の中で一緒にいれば鉛の同位体（^{206}Pb，^{207}Pb，^{208}Pb）が増加する。地球の歴史のあるときに地殻変動などでこれら岩石から鉛が抽出されて濃縮し，鉛鉱床を生成すると，鉛はウラン・トリウムから切り離され，鉛同位体の量と比が定まり，変化しなくなる。鉛同位体比は鉛鉱物を造った地域の岩石中に含まれる鉛とウラン・トリウムの量比が違っていること，および地殻変動の時期が一般的には異なるので，鉛同位体比は各鉛鉱床でそれぞれ異なった値となる。整理すると，この鉛鉱床に含まれる ^{204}Pb，^{206}Pb，^{207}Pb，^{208}Pb の量と比は，①元の岩石に含まれる鉛とウラン・トリウムの濃度の違い，および，②岩石の年齢の違い，で異なってくる。世界各地の鉛鉱床ごとにその作られた環境や経歴が異なるため，鉛の同位体比は鉱床毎に違ってくる。だから，鉛鉱床が作られた場所の違いで，鉛同位体比が決まるので，同位体比の違いは鉛の産地を示すことになる。でも，本来は同位体比が異なるはずだけれど，結果として見かけ上同じ値を示すような鉱床もあるので，実際の数値の取り扱いには注意が必要とされる。

　鉛がこれら鉱床から採掘され，文化財資料に利用されると，文化財資料が示す鉛同位体比は各地域の鉛鉱床が示す値になる。ここで，鉱床と鉱山とは

107

少々意味が違う。鉱床とは人間が利用できる材料の濃縮している場所を意味する。それ故，100〜500kmに亘って同じ鉱床が拡がる場合もある。それに対して鉱山とは人間がこれら鉱物などを利用するために造った工場あるいは作業場と考えられるので，一つの鉱床の上にいくつもの「鉱山」が作られる場合もある。

(3) 鉛同位体比と産地（鉛同位体比法の原理）

鉛の生産地を鉛同位体比で探るこの研究方法を東アジアの鉛鉱山や文化財資料として中国の前漢と後漢・三国時代の銅鏡，朝鮮半島内で作られた多鈕細文鏡に応用し，2つの図で表現すると，図1と図2となる[注3]。すなわち前漢鏡，後漢・三国時代鏡，多鈕細文鏡はそれぞれ違った位置にまとまって分布しているように見える。前漢鏡が集まる領域には華北産材料で作られた資料が分布し，後漢・三国時代鏡が集まる領域には華南産材料で作られた資料が分布すると判ってきた。そこで，これら鏡の分布を任意の線で区切り，産地として表現すると，図3と図4となる。こうすると材料産地の推定図ができあがる。

ここで，図3と図4で示される領域を区切る補助線は絶対的ではないので，資料数が増えてくるとこの領域区分はだんだん複雑になり，例外も出てくる。しかし，産地という考え方が必要なので，図3と図4を今後利用してゆく。

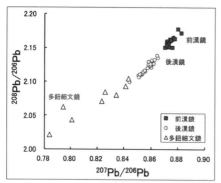

図1　前漢鏡，後漢・三国時代鏡，多鈕細文鏡の鉛同位体比分布（A式図）

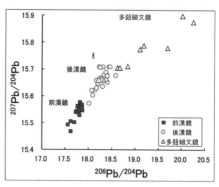

図2　前漢鏡，後漢・三国時代鏡，多鈕細文鏡の鉛同位体比分布（B式図）

研究の視点Ⅱ　戦国時代の鉄炮玉の鉛同位体比測定

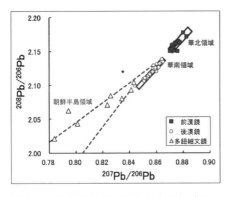

図3　それぞれの銅鏡が分布する領域を産地と仮定する（A式図）

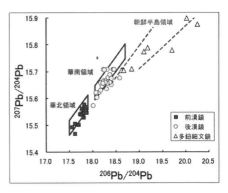

図4　それぞれの銅鏡が分布する領域を産地と仮定する（B式図）

鉛同位体比測定用の試料

　鉛の同位体比を測定する質量分析計は非常に感度が良く，正確な値を示す。試料量として一般的には1μg（マイクログラム）の鉛量があれば，その鉛同位体比を約1/2000の誤差で測定できる。古代の銅には鉛が0.1％位は含まれている。これは銅の製錬時に除ききれなかった鉛なのだ。青銅，特に東洋の青銅には銅の性質（融点，固さ，色味）を変えるためスズや鉛を3〜30％加えてある。そうすると加えた鉛は純銅に含まれていた不純物鉛の10倍以上となるから，測定される鉛同位体比は加えた鉛の同位体比とほぼ等しい。銅あるいは青銅に鉛を加える場合，鉛鉱山は銅鉱山の近くにある場合が多く，また鉛の製錬は割合簡単にできるので，わざわざ遠くの鉱山から運ぶことは少ないと考えられる。故に，古代の銅製品に含まれる鉛の同位体比は不純物であれ，外部から加えられた鉛であれ，銅の産地を示唆する場合が多い。

　鉛同位体比の実際の測定に必要な試料量はどのくらいだろう。前述のように1μgの鉛があれば測定できるので，青銅中の鉛濃度が0.1％とすると1gの青銅には鉛が約1mg含まれている。それ故，青銅金属として1mgあれば1μgの鉛に相当する。試料量としての1mgはどのくらいの大きさだろうか。1cm×1cm×1cmの青銅金属の塊は約10gと考えられるので，1mm×1mm×1mmの塊が10mgの銅量となる。この中に鉛は10μg含まれているはずだから，1mm×1mm×0.1mmの資料があれば良い。測定時の汚染や取り扱いの汚染を避けるためには，必要量の5〜10倍あれば十分だろう。錆の場合はその3倍くらいあれば十分だろう。とはいえ，試料量は多ければ多いほど安心して測定できることはいうまでもない。

(4) 日本の鉛

図3と図4には日本産の鉛が示されていない。そこで、日本の鉛鉱山が示す分布領域（楕円や四辺形で任意に囲む）を図3と図4に載せてみると、図5と図6となり、日本産材料領域が示される。そうすると、東アジア地域における材料産地が中国・朝鮮半島・日本と大まかに示すことができる。

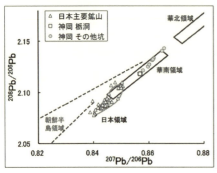

図5　日本の鉛鉱山が示す鉛同位体比分布（A式図）

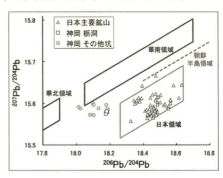

図6　日本の鉛鉱山が示す鉛同位体比分布（B式図）

> 　図5と図6で△印で示されている鉱山は日本の主要鉛鉱山で、ほぼまとまっているように示される。すなわち日本産鉛の分布領域は図5では華南産領域の左下部で、朝鮮半島産領域の下の曲線で囲まれた領域となり、図6では華南産領域の下の平行四辺形で囲まれた部分となる。そうすると、中国華南産材料の領域とは異なり、また朝鮮半島産鉛とも異なっていると示される。
> 　しかし、日本の鉛鉱山の中で岐阜県の神岡鉱山は他の鉱山とは別のまとまりを示している。なお、神岡鉱山栃洞坑試料は8試料を測定。[注4]

ここで、図1と図3と図5では縦軸と横軸が $^{208}Pb/^{206}Pb$ と $^{207}Pb/^{206}Pb$ となっており、これをA式図と呼んでいる。図2と図4と図6では縦軸と横軸が $^{207}Pb/^{204}Pb$、$^{206}Pb/^{204}Pb$ となっていて、B式図と呼んでいる。これら2種の図には ^{208}Pb、^{204}Pb という同位体が別々に含まれているので意味が違っている。それ故、未知資料の鉛同位体比を測定し、A式図とB式図という2つの図を作ったとき、それぞれの図で資料が位置する領域が同じなら、その領域で生産された鉛を利用している可能性が高いということになる。例えば青銅

製の仏像があり，Ａ式図で朝鮮半島領域に含まれ，Ｂ式図でも朝鮮半島領域
に含まれれば，その仏像は朝鮮半島産の材料を用いて造られた可能性が高い
と推測できる。しかしＢ式図で日本領域に位置したら，産地は判らないと判
断される。

　鉛鉱床が示す鉛同位体比と，銅鉱床に含まれる鉛が示す鉛同位体比とは本
来は異なるはずだけれど，銅，鉛，亜鉛などの元素は一緒になって鉱床を作
りやすいので，銅鉱床に含まれる鉛と銅鉱床の近くにある鉛鉱床とでは鉛の
同位体比に大きな違いは出にくい。それ故，鉛の同位体比で銅の産地を推定
することができる。ましてや鉛入り青銅は鉛を近くの鉛鉱床から採取して加
えているので銅製品に含まれる鉛の同位体比は銅の生産地も示すことにな
る。

2　戦国期の鉛

(1)　日本に於ける銅と鉛の生産

　日本の銅の生産について歴史的に調べてみると，銅の生産は奈良時代直前
に始まり，奈良時代から平安時代前半まで日本産銅が利用される。平安時代
末期から鎌倉時代には日本の銅鉱山では原料となる銅鉱石が枯渇し，ほとん
ど生産できなくなる[注5]。代わって中国銅銭の輸入で必要な銅を調達するよ
うになる。それが，室町時代になると日本で銅が再生産されるようになる。
これは奈良時代から平安時代にかけての日本では酸化銅鉱石を用いて銅を生
産していたが，酸化銅鉱石は日本にそれほど十分あるわけではないので平安
時代半ばまでに使いきってしまう。それが室町時代になると硫化銅鉱石を原
料とする精錬法が導入され，鉱物量として酸化銅鉱よりも桁違いに多い硫化
銅鉱を利用することで日本の銅生産がよみがえる。江戸時代の出島貿易では
金よりも銅の方が重要となるほどと言われている。

　鉛の利用は銅への添加物，錘，白色顔料，釉薬，ガラスなどだったが，絶
対量としては銅への添加量が最も大きい。鎌倉時代に銅は中国から輸入され
ていたので，日本産の鉛の出番は少なかった。釉薬，白色顔料等が生産され

ていたけれど，それほどの量ではない。それが室町時代になると日本産の銅が再生産されるようになるので，鉛も大々的に生産されるようになる。

　戦国時代になると，貿易のために金・銀の生産が重要となる。銀の生産には灰吹き法という鉛を利用した精錬法が1533年に朝鮮半島から伝わる。それに加えて1543年に鉄炮が伝来し，弾丸として鉛が必要になる。鉄炮には鉛のほかに火薬が必要となる。火薬は日本で全く生産されていなかったため，中国から輸入するようになる。南蛮船や中国のジャンク船は火薬と鉛をセットとすると，日本でより高く売れることをいち早く察する。鉛は東南アジア（タイ，ベトナム）で仕入れ，火薬を中国の港で買い集めれば良い。鉄炮が重要な戦略物資と考えた日本の大名は鉄炮隊を編成する。このときに火薬と鉛をセットで購入できれば好都合だったろう。鉄炮，火薬，鉛の陸揚げは九州あるいは大坂で行われたため，越後の上杉や甲斐の武田には遠い存在だった。このことが日本の覇権争いに決定的な差を与えることになる。

　タイ産の鉛は1567年三好－松永の東大寺周辺での戦いで検出されており，九州では大友宗麟が西の秋月氏と衝突したときに，鉄炮玉として利用している。長篠の戦いは1575年に起きたが，織田信長や徳川家康などが台頭してきた頃で，特に織田信長は外国貿易に積極的だった。これは南蛮船が持ち込む火薬と鉛に命運をかけていたからだろう。

(2)　長篠・設楽原古戦場で出土した鉄炮玉

　長篠・設楽原の古戦場で発見された鉄炮玉は鉛あるいは銅でできている。そこで，これら鉛玉や銅玉の産地を調べることで，ここの戦いで利用された鉄炮玉がどこの国の材料であり，日本の歴史にどんな意味を持っているかを考えることができる[注6]。そこでこれら鉄炮玉の鉛同位体比を測定して，得られた値を表1と表2で示す。表1は鉛製鉄炮玉，表2は銅製鉄炮玉を集めてある。そこでこれらすべての値を図7と図8で示す。これらの図から総ての鉄炮玉が日本，中国華南，タイ領域あたりに分布しており，華北や朝鮮半島産材料を用いた試料が図の端に行くことはないことが判る。

研究の視点Ⅱ　戦国時代の鉄炮玉の鉛同位体比測定

表1　古戦場で発見された鉛製鉄炮玉の鉛同位体比値（1）

試料番号	出土地	資料名	$^{206}Pb/^{204}Pb$	$^{207}Pb/^{204}Pb$	$^{208}Pb/^{204}Pb$	$^{207}Pb/^{206}Pb$	$^{208}Pb/^{206}Pb$	組成	測定番号	推定産地
1	長篠城跡	新長篠1	18.129	15.643	38.203	0.8629	2.1073	鉛		不明
2	長篠城跡	新長篠3	18.481	15.614	38.729	0.8448	2.0956	鉛		日p
3	長篠城跡	新長篠7	18.478	15.609	38.714	0.8447	2.0952	鉛		日p
4	長篠城跡	新長篠9	18.475	15.605	38.700	0.8446	2.0947	鉛		日p
5	長篠城跡	新長篠13	18.477	15.607	38.708	0.8447	2.0950	鉛		日p
6	長篠城跡	新長篠18	18.357	15.716	38.634	0.8561	2.1046	鉛		日タイ
7	長篠城跡	新長篠19	18.256	15.753	38.516	0.8629	2.1098	鉛		タイ
8	長篠城跡	新長篠20	18.484	15.616	38.736	0.8448	2.0956	鉛		日p
9	長篠城跡	新長篠21	18.454	15.638	38.931	0.8474	2.1096	鉛		朝鮮
10	長篠城跡	新長篠22	18.481	15.613	38.729	0.8448	2.0957	鉛		日p
11	長篠城跡	新長篠24	18.346	15.688	38.827	0.8551	2.1163	鉛		華南
12	長篠城跡	新長篠27	18.346	15.752	38.648	0.8586	2.1066	鉛		中タイ
13	長篠城跡	新長篠28	18.439	15.734	38.891	0.8533	2.1092	鉛		華南
14	長篠城跡	新長篠29	18.493	15.630	38.783	0.8451	2.0971	鉛		日p
15	長篠城跡	新長篠30	18.478	15.610	38.722	0.8448	2.0956	鉛		日p
16	設楽原	本田玉1	18.486	15.619	38.743	0.8449	2.0958	鉛		日p
17	設楽原	本田玉3	18.491	15.624	38.762	0.8449	2.0963	鉛	BP5303	日p
18	設楽原	山田玉1	18.348	15.608	38.642	0.8506	2.1061	鉛	BP5304	日本
19	設楽原	後藤玉	18.307	15.786	38.686	0.8623	2.1131	鉛	BP5305	タイ
20	設楽原	熊谷玉1	18.492	15.627	38.775	0.8451	2.0968	鉛	BP5306	日p
21	設楽原	神真島玉	18.394	15.609	38.700	0.8486	2.1040	鉛	BP5307	日本
22	設楽原	熊谷玉2	18.484	15.619	38.747	0.8450	2.0962	鉛	BP5660	日p
23	設楽原	高橋玉	18.559	15.756	39.187	0.8490	2.1116	鉛	BP5661	華南
24	設楽原	山田玉2	18.385	15.613	38.786	0.8492	2.1097	鉛	BP5662	日本
25	設楽石座神	石座玉1	18.433	15.620	38.729	0.8474	2.1011	鉛	BP5655	日本
26	設楽石座神	石座玉2	18.492	15.628	38.777	0.8451	2.0969	鉛	BP5656	日p

113

27	設楽石座神	石座玉3	18.418	15.591	38.644	0.8465	2.0981	鉛	BP5657	日本
28	設楽石座神	石座玉4	18.370	15.590	38.613	0.8487	2.1019	鉛	BP5658	日本
29	設楽石座神	石座玉5	18.419	15.575	38.478	0.8456	2.0890	鉛	BP5659	日本
30	長篠城跡	長篠5	18.392	15.697	38.662	0.8535	2.1021	鉛	BP5309	日タイ
31	長篠城跡	長篠6	18.489	15.622	38.755	0.8449	2.0962	鉛	BP5310	日p
32	長篠城跡	長篠4	18.494	15.629	38.780	0.8451	2.0969	鉛	BP5311	日p
33	長篠城跡	長篠8	18.493	15.627	38.774	0.8450	2.0967	鉛	BP5312	日p
34	長篠城跡	長篠14	18.701	15.782	39.288	0.8439	2.1008	鉛	BP5313	朝鮮
35	長篠城跡	長篠15	18.256	15.756	38.520	0.8631	2.1099	鉛	BP5314	タイ
36	長篠城跡	長篠25	18.709	15.753	39.287	0.8420	2.0999	鉛	BP5315	朝鮮
		誤差（1σ）	± 0.010	± 0.010	± 0.030	± 0.0003	± 0.0006			

表1の説明：材料が鉛と判定された試料。左から2番目のカラムで「設楽石座神」は設楽原にある「石座神社の発掘」，第11カラム（右から1番目）には，図から判別した産地を示す。注7

朝鮮：朝鮮半島　　**日本**：日本　　**日p**：日本p領域

華南：中国華南　　**タイ**：タイ　　**日タイ**：日本とタイの混合鉛

中タイ：中国華南とタイの混合鉛

不明：他試料との比較で東南アジアと推定されるが産地は不明

　　　誤差（1σ）は同位体比測定時のばらつき。

表2　古戦場で発見された銅製鉄炮玉の鉛同位体比値

試料番号	出土地	資料名	$^{206}Pb/^{204}Pb$	$^{207}Pb/^{204}Pb$	$^{208}Pb/^{204}Pb$	$^{207}Pb/^{206}Pb$	$^{208}Pb/^{206}Pb$	組成	測定番号	推定産地
銅1	長篠城跡	新長篠12	18.399	15.652	38.750	0.8507	2.1061	銅		中
銅2	長篠城跡	新長篠11	18.317	15.671	38.779	0.8556	2.1171	銅		中
銅3	長篠城跡	新長篠16	18.364	15.688	38.845	0.8543	2.1152	銅		中
銅4	長篠城跡	新長篠17	18.570	15.759	39.110	0.8486	2.1061	銅		中
銅5	長篠城跡	新長篠23	18.447	15.707	38.911	0.8515	2.1093	銅		中
銅6	長篠城跡	新長篠10	18.475	15.606	38.707	0.8447	2.0951	銅		日p

研究の視点Ⅱ　戦国時代の鉄炮玉の鉛同位体比測定

銅7	長篠城跡	新長篠26	18.484	15.617	38.743	0.8449	2.0960	銅		日
銅8	長篠城跡	長篠2	18.316	15.637	38.525	0.8537	2.1033	銅	BP5308	タイ日
鉄1	設楽原	本田玉2	―	―	―	―	―	鉄		
		誤差（1σ）	±0.010	±0.010	±0.030	±0.0003	±0.0006			

図7　長篠・設楽原の鉄炮玉が示す鉛同位体比（A式図）

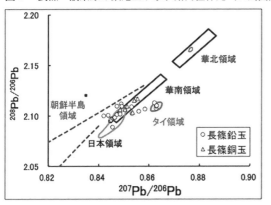

表2の説明：
・鉛同位体比測定を行ったが，材料は銅等と判定されている。
・データからは，多くが中国産と推定された。

図8　長篠・設楽原の鉄炮玉が示す鉛同位体比（B式図）

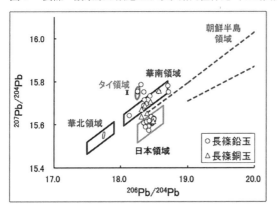

図7～図12の「長篠鉛玉」の語は，長篠城址出土と設楽原出土玉の両者を併せての意味で使用している。
・「長篠銅玉」は，長篠城址出土の銅玉である。

　この図7，図8から出土玉の材料産地の違いが示される。だが，細かい部分がよく分からないので，鉄炮玉が集中する領域を拡大して，図9と図10で示す。図9以降の拡大図では資料番号を付す。

115

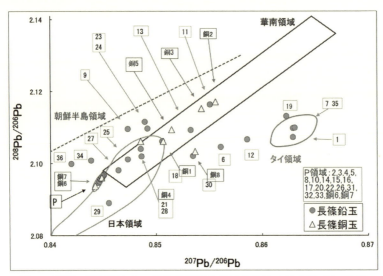

図9　長篠・設楽原出土の鉄炮玉が示す鉛同位体比の拡大図（A式図）

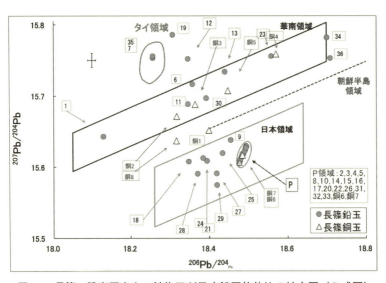

図10　長篠・設楽原出土の鉄炮玉が示す鉛同位体比の拡大図（B式図）

図9,図10の日本領域中,玉が集中しているＰ領域の部分を拡大したのが,次の図11と図12である。

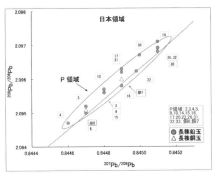
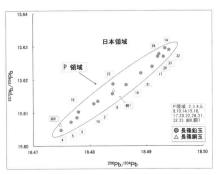

図11　図9のＰ領域を拡大（Ａ式図）　　図12　図10のＰ領域を拡大（Ｂ式図）

これらの図表から,次の結論が引き出される（図から産地を推定）。
①朝鮮半島産鉛材料3個（No.9,34,36）
②日本産鉛材料23個
　　・Ｐ領域16個（No.2,3,4,5,8,10,14,15,16,17, 20, 22,26,31,32,33）
　　・他の鉛鉱山7個（No.18,21,24,25,27,28,29）
　日－タイ材料2個 (No.6,30)
　銅玉：日本2個（日本ｐ領域 No.銅6,銅7）
　　　　　日本－タイ混合1個（No.銅8）
③中国華南産鉛材料 3個（No.11,13,23）
　華南－タイ混合1個（No.12）
　銅玉：華南5個（No. 銅1,2,3,4,5）
④タイ産鉛材料3個（No.7,19,35）
　日－タイ混合2個（No.6,30）,華南－タイ混合1個（No.12）
　銅玉：日－タイ1個（No. 銅8）
⑤鉛産地不明　1個（No.1）
　　・この試料はタイ ソントー鉱山産の鉛ではないが,他試料との比較で
　　　東南アジアのどこかと推定

117

表3　材料の違いによる資料の地域分布

地域	鉛玉	(%) ※	銅玉	鉄玉	合計
朝鮮	3	8	0	0	3
日本	24	67	2.5	0	26.5
(P領域日本)	(16)	(44)			
中国	3.5	10	5	0	8.5
タイ	4.5	12	0.5	0	5
不明	1	3	0	1	2
合計	36	100	8	1	45

※（%）は
鉛玉の産地
分布の比率
を表す

但し，混合と見られる資料はそれぞれの国に0.5個と考える。

表3で鉄炮玉（鉛玉36個と銅玉8個）の分布が示されている。鉄玉は1個あるが，本当に鉄炮玉として利用されたのかどうか判断が難しい。鉛玉の産地分布の比率を左から第3カラムに％値で示す。

⑶　長篠・設楽原の鉄炮玉は何を意味するか

長篠・設楽原の戦いで，日本産鉛が全体の約70％使われている。その中でも，P領域の材料が全体のほぼ半分含まれる。P領域は狭い領域にたくさんの資料が集まっていることから，一つの鉱山を示唆しており，織田信長が鉄炮を戦略兵器と考え，領国内のどこかに準備した鉛鉱山とも推定される。日本産鉛が約70％ということは外国産鉛が30％含まれていることを示し，外国産鉛を鉄炮玉の材料として利用することが初めから考えられていたように思われる。外国産鉛の中でタイの鉛が12％含まれていることは，少ないながらも，南蛮貿易の影響が現れている大切な例と見られる。また，朝鮮半島産の鉛が一定の比率で含まれていることは朝鮮半島産の鉛も日本にとって大切な鉛資源だったと見ることができる。

銅玉が8個検出されている。鉛が手に入らない場合は銅玉を使うという考え方はできるが，銅玉の持つ意味を此処にまとめる。

118

銅玉を鉄炮で撃つ場合，銅は鉛よりも硬いので，玉込が大変だろう。隙間があれば威力が落ちるし，銅は鉛よりも硬く，容易には変形しないので，銃身の中に隙間なく玉を詰めることが大変だったろう。すなわち時間がかかったろう。玉を発射すると鉄の銃身であっても，鉛よりも銃身に傷を付けると思われる。しかし殺傷力は鉛玉よりも大きかったろう。

　銅玉の産地は中国華南産が5個，日本産が2個，日本とタイの混合が1個と示される。しかし，よく考えるとおかしいと思われる。

- ・中国は材料として銅を輸出していない
- ・日本のP領域は鉛の産地であり，銅の産地かどうかわからない
- ・日本とタイの銅を混合したことはもっと考えにくい

等が挙げられる。これらに対して次のように考えられる。

①中国では銅という材料ではなく，鉄炮玉という製品で売り出していたなら南蛮貿易で購入できたかもしれないので，これはあり得る。それ故，中国産の銅玉はあって良い。

②日本のP領域は鉛の産地と思われ，銅を生産していたかどうかわからない。当時の日本は銅を輸出することで，火薬や鉛，その他を購入していたので，銅の生産は日本国内で十分にあったと考えられる。ただP領域であっても良いのかどうかはわからない。

③日本産の銅とタイ産の銅を混合して用いたとは非常に考えにくい。日本からは銅を輸出していたはずなので，わざわざタイ産の銅を購入する必要はない。銅玉の産地がP領域の日本と，日本とタイの混合銅というのはなおさら考えにくい。

　測定された鉛同位体比は事実なので，これらを読み解く考え方が必要となる。例えば

　　A：地中あるいは保存館で保管中に他の玉と接触して，その一部の材料が混入した可能性はないだろうか

　　B：銅玉を撃ったときに，その前に撃った鉛玉の痕跡が残っており，その鉛が銅玉に焼き付いていたかも

などという問題点も明らかにしてゆきたい.

注（引用文献）

注1　平尾良光，山岸良二編『青銅鏡・銅鐸・鉄剣を探る－鉛同位体比，鋳造実験，X
　　　線透過写真』（国土社・1998 年），p.13-19

注2　平尾良光：「鉛同位体比法の応用―歴史資料の産地推定」，（RADIOISOTOPES57,2008
　　　年），p.709-721

注3　平尾良光，榎本淳子：「古代日本青銅器の鉛同位体比」『古代青銅の流通と鋳造』
　　　平尾良光編，（鶴山堂，1999 年），p.29-41

注4　神岡鉱山は別のまとまりを示し，華南産鉛から独立している.
　　　・図5で示されるように華南領域の右上方向に一列に並んでいる.
　　　・図6では華南領域の左下外にまとまっている.
　　　なお，神岡鉱山栃洞坑試料は8試料を測定されており，鉛同位体比にほとんど差が
　　　ない.

注5　平尾良光：中世における鉛の生産・流通・消費，『金属の中世：資源と流通』小野
　　　正敏・五味文彦・萩原三雄編著，（髙志書院，2014 年），p.35-63

注6　小和田哲男監修，小林芳春・設楽原をまもる会編著『戦国ウォーク 長篠・設楽原
　　　の戦い』（黎明書房，2014 年），p.162-170

注7　・表で「出土地」というのは，「長篠城跡」と「設楽原」古戦場のどちらか.
　　　・「資料名」の欄で，「長篠」とあるのは先の同位体比調査により，「新長篠」とあ
　　　　るのは後の同位体比調査によるもの.「新長篠1」「長篠25」の数字「1」「25」
　　　　は，長篠城跡での出土順で付した通し番号を表す.

設楽原の鉄砲研究の点火

小林芳春 記

□鉛同位体比調査のきっかけは　佐々木稔氏

平成18年4月8日(土)，銃砲史学会の例会が終り帰り支度をしていると，佐々木稔氏からいくつか質問をいただいた。この日，私は「設楽原の鉛玉」のテーマで発表していたので，玉の経緯についてお答えした。最後に，氏は「玉の鉛について，知人を紹介するので測定したらどうか？」と，別府大の平尾良光教授の連絡先を教えて下さった。動きの遅い私に，氏は2度にわたって丁寧な助言を下さった。

やっと，13個（設楽原5個，長篠城址8個）の玉を持って別府大に平尾教授をお訪ねし，測定をお願いしたのが21年6月4日。これが長篠・設楽原の鉄砲玉研究の「新たな点火」の日となった。

※私の緩慢な対応で，途中急逝された佐々木先生に肝心な結果が報告できませんでしたが，改めて平尾教授にお願いした追加調査24個を含めた本書の報告は，11年前の佐々木先生への報告であり感謝であります。

□火縄銃から玉へ，背中を押した　鈴木弘幸氏

新城市教育委員を務めた鈴木弘幸氏は，歳も近く，同じ教育委員会で仕事をした関係もあって，私どもの古戦場活動を最もよく理解して下さっていた。以前に求められた火縄銃も，国友藤兵衛充俶の名品であった。

長篠・設楽原の戦い当時の火縄銃は未発見だが，戦いの玉らしきものが何個か出土しているという話をしたとき，氏は「だったら鉄砲玉を追いかけたら？」といわれた。銀行出身らしい即座の言葉だった。その後も私たちの背中を押し様々な支援をして下さっていたが，平成27年4月，突然のように永い旅路につかれた。

結果的に，今も，私は氏の言葉を追いかけている。長篠城跡30個・設楽原17個（現存15）という姿を現した戦国の遺物から，改めて当時の武人の考えや東南アジアにひろがる物流の中の「一こま」を！

コラム：古戦場の風景
戦国武人③

二つの塚が語る…戦国人の絆

激戦地の信玄台地に二つの土屋塚がある。この地に倒れた戦国武人の多くの塚同様、４百余年にわたって古戦場のゆかりの場所に悠久の安らぎを得て祀り守られている。

土屋昌次の碑…信玄・八子(はね)に

土屋右衛門尉昌次の布陣は、馬場隊・真田隊と共に武田軍右翼と伝えられ、「戦死の地」の碑も右翼戦線の近くに立つが、塚は従者と共に"何故か"中央戦線後方の八子の高台に立っている。

高台の昌次碑

土屋備前守の碑… 柳田・武田本陣の直下に

常林寺（柳田）の横

土屋備前守は元岡部忠兵衛貞綱（今川の船奉行）で、今川滅亡後武田水軍の将を信玄から命じられたわが「土屋」の祖である。『甲陽軍鑑』は「清水を拠点に船12艘、同心50騎の水軍」と記しているが、その水軍の将が"海を離れた設楽原の決戦"で、どんな役割を果たそうとしたのだろうか？…勝頼と共に設楽原を離脱する土屋惣蔵が、「二度までも馬を降りて、戦場に後ろ髪を引かれた」と記す『長篠日記』の伝承は、

- 「兄昌次」や「義父貞綱」の消息が心許なく、どうしても自分の目で確かめたかったのだろうか？
- あるいは逆に、せめて「わが弟を！」「わが婿のために！」と、最後まで彼らの近くで防戦をとげたというのだろうか？

※土屋惣蔵昌恒は、土屋昌次の実弟で、土屋備前守（豊前守貞綱）の養嗣子

◇戦ったものは、戦国の絆をいとおしみながら

◆戦場に暮らすものは、働き手を失った異国の村の絆をしのびながら

　…旧温の会を作り、古戦場をまもる会を作る。そして香華(こうげ)の花を挿す。

土屋誠司（武田家旧温会会長）

第二章
姿を現した戦国の鉄炮玉

設楽原で最初に
鉄炮の玉を採拾した記録は,
最激戦地である竹広の
重造少年（大正期）の1個である

　　本田玉3号や熊谷玉は日本の鉛
　　高橋玉は中国華南の鉛
　　後藤玉の鉛はタイのソントー鉱山産

1　連吾川周辺で17個の玉

　設楽原で最初に鉄炮（火縄銃）の玉を採拾したのは，天正の戦いの最激戦地の一つである竹広の真ん中に住んでいた峯田重造少年である。

　見つけたのは峯田家の野路(のじ)の畑で，白い小石がまん丸で不思議に感じて手にしたという。拾った時の"あれっ！"と妙に重い感じから，とても不思議なものに思え，机の隅の古い筆箱の中にしまっておいて，時々触って重さを確かめたそうである。小学校の5年か6年であったというから大正10年頃である。

　その後しばらくは，家の中の位置を変えながら重造少年の宝物として保管されていたが，気がついたときには筆箱も玉も行方不明となっていた。

写真 2-1　設楽原古戦場で発見された玉

(1) 白い玉の出土

　十数年前になるが，設楽原古戦場での古い鉛玉の複数発見が話題になったとき，「鉄炮の戦いとして知られている古戦場にしては出土数が少ないのでは？」という声をいただいた。週刊誌の一つが大きく取り上げた。その時感じたのは，「沢山の鉄炮を使用したのだから，それに見合った数の玉が出土するだろう」という「ハズ」である。だが，実際には

- ある程度の傾向としていえるが，攻城戦とは違う野戦の場である。銃の射程距離から，かなり広い範囲に小さな玉が点在している。
- 4百年以上の時間経過の中で大小の地形の改変がある。
- 玉自身の経年変化がある。特に鉛の色は錆びて真っ白になる。

　これだけを考えても，「小さな石ころ状の戦国の玉」が人の目に留められる確率は極めて小さなものに思われる。実際，これまでに発見されたのはその後の紛失も含めて17個（設楽原）である。

第二章　姿を現した戦国の鉄炮玉

図 2-1　設楽原古戦場で発見された玉の出土位置

この 17 個を, 出土の「場所・形態」についてまとめると次のようになる。

場所	個数・材質 ※1	出土形態
信玄台地	5（鉛5）	個人採拾
連吾川沿い	4（鉛2，鉄1，不明1）	個人採拾
石座山 （弾正台地北）	5（鉛5） ※2	遺跡発掘
大宮川沿い	3（鉛2，不明1）	個人採拾

個人採拾12個の出土は
- 自家の畑　　　　4個
- 他の畑　　　　　3個
- 道端　　　　　　1個
- 台地斜面の林　　4個

である。

遺跡発掘作業の場所は，直前は杉檜の目立つ林地であったが，戦国当時は大部分が薪取りや草刈りの里山であったと考えられている。

※1　鉛特有のズシリと重い感じ，錆びの色（鉛は白，鉄は茶，銅は青み）から主成分を仮推定した。

※2　新東名関連の遺跡発掘事業での出土

上表の信玄台地5個中の4個は，歴史資料館裏側の下り斜面の始まるところである。

連合軍布陣の連吾川右岸からの高台の位置は
- 連吾川新川から　約100m（分流1667年）
- 連吾川古川から　約150m
- 弾正山裾から　　200m〜250m

残りの1個④玉も，ここから200m程南のほぼ同位置（川に対して）の出土である。当時の鉄炮の射程距離からみて，これらの玉は連合軍側からの玉着と考える。

図2-2　信玄台地西端の出土4個

ここで，高台5個の出土は射程距離からは問題がないとしても，両軍衝突という場面での鉄炮の発射方向としては玉着の位置が上向きすぎると思われる。この点に関して，前銃砲史学会理事長の所荘吉氏は「発射の衝撃やこの場所での打ち手の発射角度を勘案すると十分ありうること」と話されている。

注1

天正3年の玉と推定

これらが鉄炮の玉だとしても，時代の特定には次の三つの場合が想定され

る。

　　　・天正三年の戦いで使用されたもの

　　　・その他の戦いで使用されたもの

　　　・猟銃用として使用されたもの

　設楽原決戦以前も以後も，この地での鉄炮使用の戦いの記録②や伝承はない。一方，猟銃用の玉の可能性③はあるが，連吾川周辺は『慶長検地帳』が記すように当時から集落や水田が開かれており，獣たちの習性から雁峯の山<ruby>つき<rt>かんぼう</rt></ruby>に比べ銃使用の頻度は極めて小さいと考えられる。^{注2}

　出土玉の様相から現存15個中14個は，天正の戦いの玉として間違いないように思われるが，鉄玉の1個については変形の感じから火縄銃玉といえるかどうか疑問がある。

玉出土の場所は？

　ここでの玉出土の場所（個人採拾）は，次の3通りにまとめられる。

　　①畑地内7個　（発見者自身の畑4，他の畑3個）

　　②資料館西側の台地斜面始まりの林地4個

　　③道端1個　（ここも地形的には耕作地と林地との境界地）

　①の畑の内4個は発見者自身の畑からの出土で，3個は遺物探しという本人の強い意志が働いていたからの発見であった。

　※自分の畑からの発見者の一人，本田寿儀氏は当時郵便局に勤め手紙等の配達
　　を担当していた。あるとき配達先の丸山彭氏（その後長篠史跡保存館の初代
　　館長）から次のように励まされたという。「君の住む竹広は，火縄銃の戦い
　　の中心地だ。玉が見つかるはずだ！」と。

　励まされた通り，本田氏は二か所の家の畑で3個を採拾した。峯田少年の1個も家の屋敷隣の畑であった。山田玉3個発見の畑は遺跡発掘作業中の畑で，たまたま休日に<ruby>勾玉<rt>まがたま</rt></ruby>探しに来た時に白い鉛玉が目に入ったという（山田浅二郎氏）。

　②の設楽原歴史資料館裏の4個は，館建物から十数ｍ西側の信玄台地高台の西端で，ここから下り斜面が始まる。

そこから先は下り斜面で潅木等が生い茂る。反対に，資料館側の平地は元は台地上段の畑地に続く草地である。資料館建設の整地のため表面の腐葉土が削られ，台地の端に赤土面の昔の地肌が現れた所である。もともと地形的には当時とあまり変わっていない場所が，境目の整地工事のために４百余年前の地表に近づいたのであろう。

　この，資料館開館で裏庭に人が入り，地表が目に触れる偶然が多くなったことと表土の下に埋もれたものが整地工事の境目で地上に姿を見せることになった偶然との交差の結果が台地端の４個の発見となったのである。４個の出土場所はわずか20〜30坪たらずのところである。

　ここでの採拾は小学生２個，大人２個である。小学生の一人はBB弾を探しし，一人は館の説明からその気で玉探しをしていた６年生である。大人の一人は４年間探し続け，近くで２個発見している。共通しているのは「探す強い気持ち」といえる。

　③の道端１個は，玉探しにきた小学５年生の３人組である。場所は，道端という感じだが，この道自体が耕作地と林地との境界地なのである。境目という点で資料館裏と状況が似ている。

（2）　玉の見つけにくさ

　織田・徳川軍が準備した鉄炮の数については，関係文献の記録から「千挺？　三千挺？」が話題になるが，決め手はない。ただ多くの鉄炮が使用された「鉄炮の戦い」であったことは史料が伝えている。[注3]

　だが，それを直接的に裏付ける当時の鉄炮が１挺も発見されていない中で，鉄炮の玉と思われるものが17個みつかっている。設楽原では，これらの玉に採拾者の名を付けてきた。

写真 2-1　発見地の標柱

　例えば，竹広地区の横手（山縣塚上の信玄台地西端）で本田寿儀氏が平成３年12月に発見した径11.7㎜の玉は，本田氏にとって３個目であったので本田玉３号として他の玉と区別することにした。

※命名は設楽原歴史資料館の担当学芸員の仕事であるが，地元の「設楽原をまもる会」の会員も情報提供で協力している。

　この17個を多いと見るか？　少ないとみるか？　玉発見の経緯から検討する。

　この17個の内5個は新東名工事関連の愛知県埋蔵文化財センターの石座山遺跡調査での出土である。この場合は，該当地区の表土をくまなく・少しずつ剥ぎ取る形で進められ，個人採拾の場合とは見つかり方が大きく異なっているので，ここでは個人発見の場合についてまとめておく。

　玉をその出土時期で区分けすると次のようになる。

大正〜昭和（77年間）	3個	峯田玉，本田玉1・2
平成1〜7（7年間）	4個	本田玉3，山田玉1・2・3
平成8〜15（8年間）	5個	後藤玉，熊谷玉1・2，高橋玉，神真島玉
平成16〜　（12年間）	―	

　複数個発見の本田氏は30年かけての3個であり，熊谷氏の2個目は4年目である。平成16年以降の出土はない。

　ここからは玉の出土がごく稀なことになるが，同時に資料館裏の限られた場所から4個，山田玉の場合の遺跡残土をふくむ畑周辺での3個の発見を見ると，今後もかなりの玉の出土が予告されているとも読める。現場の問題は，見つけにくさである。

【玉の見つけにくさの事情】

　①白い石の姿　　長い時間経過の中で，鉛玉は腐蝕で真っ白くなっている。ちょっと目には，ごく普通の白い石ころである。これを鉄炮の玉と見るには，鉄炮へのかなりの関心あるいは他の探し物への鋭い目がなければ見逃してしまう。見かけが鉛玉らしくないのである。

　②下層への沈下　　田畑では，耕作時の表土攪拌で比重の重い玉は次第に下層に沈んでいく。連吾川沿いの水田では，畑と比べてこの傾向は格段に大きい。衝突場面により近いといえる川沿いの水田での出土がないのは，このためであろう。

③茂みの中　西斜面の潅木や杉木立の中では，玉の発見は困難である。幾重にも腐葉が重なり合う上に，潅木の根が地中の浅い部分を縦横に走り，どこに玉の姿を求めるのか見当がつかない。探しようがむつかしい。

写真 2-3　4個発見地付近

　上写真は開館2年後の資料館裏庭の赤土部分で，左部分はこの台地が一気に西側に下り斜面となっている。20年後の現在，この赤土部分はかなり残っているが，やがて草地に変わる。

　これらの事情は，予想以上に玉の発見に陰を落としているが，発見者に共通している「玉への執着」は数年から数十年を経て次の発見に至っている。先にふれたように，玉の発見は，玉が地表土の見えるところに位置することになった偶然と，それを探す強い意識の目がそこにあたる偶然との一致の結果であって，「戦国の戦いで多くの玉が使用されているのなら，古戦場のあちこちで今多くの玉が発見されるはず」という論理は古戦場の出土の実態とはかけ離れている。かけ離れているが，そのお陰で新たな発見の望みが持てる。

【ここの発見率で見ると】

　資料館の裏庭にあたる赤土露出部分30坪前後での4個の発見は，台地の西端部で当時の表土が現れたと見られる場所である。この資料館裏庭での発見率を，「表土条件が当時に近い状況になれば」と仮定して，単純に連吾川左岸の武田軍布陣地と想定される全域に適用してみる。

　　基準範囲1　　4個の出土場所は，現在熊谷玉の標柱が立っている場所から北へ向かって30m程の間である。幅を2.2mとして66㎡。

　　基準範囲2　　出土自体が偶発的なものであり，ここに"たまたま多かった"という場合を考慮して，範囲にゆとりを持たせ，40m長に幅4mとして160㎡で4個とする。

第二章　姿を現した戦国の鉄炮玉

対象範囲
- ・資料館裏の4個の発見地を目安に，連吾川新川からの距離100m幅で，衝突想定戦線2kmとすると，20万㎡になる。
- ・このうち，実際の衝突ラインは，当時の水田状況等を勘案して戦線2kmの1/5程度とみて4万㎡。

この対象範囲の数字4万㎡について，

〔基準範囲1〕の66㎡で4個を使うと，約2400個になる。

〔基準範囲2〕の160㎡で4個を使うと，約1000個になる。

これは玉出土の範囲を上のように限定した場合，同じ確率で発見されるであろう玉の推定で，実際の使用玉数は，これをはるかに越える。[注4]

ここの発見個数17個に対して「鉄炮の戦いとしては少なすぎる」という見解は，これらの粗い推定値をも「少なすぎる」と見ることになるのではないだろうか？

ここで得られた粗い推定値を，設楽原での鉄炮の玉使用の算出に当てることは誤りである。これは，どこまでも，この割合でみた時の，玉出土の推定値の一つにすぎない。

注1　所荘吉氏は，馬防柵を2回訪れている。H3.11.17とH9.2.1である。前者は林利一が，後者は林利一・小林芳春が同趣旨の説明をお聞きした。

注2　・現在でも，「かんぼう山」の山つきの旧家では，古い火縄銃（鉄炮）の記録や保管が見られるが，信玄台地近辺ではその種の話は聞かない。
　　　・日中は山林内の茂みで休息している猪の生態から，田畑の広がる川筋での銃使用は当時でも少ないと考える。（佐藤勝彦：新城市猟友会）

注3　すべての戦記が「鉄炮の使用」を記すが，その数は案外記されていない。戦後の比較的早い時期の著述といわれる『甲陽軍鑑』・『当代記』・『松平記』は数を記していない。
　　　『長篠合戦と武田勝頼』（平山優，2014，吉川弘文館）のP165〜参照。

注4　鉄炮の数を千挺として，1挺当たり20発の発射で2万個の玉が散在することになる。3千挺なら，6万個の玉になる。

131

コラム：古戦場の風景
戦国武人④

真田一族，最後の奮戦地！

かんぼう山
丸山

設楽原での織田・徳川連合軍との全面対決にあたり，武田軍はその右翼布陣の第一線に馬場隊，真田隊，土屋隊をあてた。

三重の柵を破る

連吾川上流，丸山付近に布陣した真田勢について，『長篠日記』は「真田源太左衛門・同兵部ハ馬場美濃守入替リ，柵ヲ一重破ル。兄弟共ニ深手ヲ負」と記し，『武徳大成記』は「真田源太左衛門・同兵部・土屋右衛門直村等三ノ柵場ヲ斫(きり)破テ推入ル」とその猛攻を記し，そこで討死と記している。ところが，真田信綱・昌輝兄弟はじめ真田一族の塚は，連吾川戦線をひと山越えて宮脇から浅谷(あさや)に抜ける三子山(みこやま)の東斜面に集まっている。

三子山の兄弟塚

三子山の先は，信玄台地の東側北端で五反田川の水田地帯が急に細くなって山が迫り，浅谷に抜ける山の瀬戸である。北に向かう武田将士にとって，追っ手を防ぐには格好の防御地形である。

真田信綱・真田昌輝兄弟が，同族の禰津甚平是広・常田図書春清・鎌原筑前守之綱らとともにここ三子山の山裾に葬られてきたところをみると，互いに助け合いながらこの防御地点を守り，主君勝頼をはじめ多くの仲間の脱出を支えたうえでの討死であろうか。

- 諸山「戦場考」：「川石にそれぞれ真田源太左衛門尉信綱，真田兵部丞昌輝と彫り付け，其下手の段には川石に禰津甚平是広之墓と彫りいれ，又一個の石には鎌原筑前守…」
- 大正顕彰会：高さ五尺の根府川石（左）の両面に，兄弟の名を隣り合わせに刻んでいる。

熊谷昇吾（設楽原をまもる会）

第二章　姿を現した戦国の鉄炮玉

2　古戦場出土玉の個別データ

設楽原で出土した 17 個の玉のうち 15 個が三か所に保管されている。

・設楽原歴史資料館（新城市竹広字信玄原 552）　　8 個
・長篠城址史跡保存館（新城市長篠字市場 22-1）　　2 個
・愛知県埋蔵文化財調査センター（弥富市前ヶ須町野方 802-04）　5 個

長篠城出土の 30 個は，長篠城址史跡保存館に保管されている。

直径十数ミリの小さな玉だが，四百数十年を経て再び人の手にもどってきたその表情は，さまざまな戦国事情を語っている。

・それは，本当に鉄炮（火縄銃）の玉かどうか？
・当時発射された玉か？　こぼれ玉か？
・織田軍・徳川軍・武田軍玉，どちらの軍勢の玉か？
・玉の素材は鉛が多いが，その産地は？　銅や鉄の玉は？

ここでは，再び地上に姿を現した玉の素顔から，戦国の鉄炮の戦いの検証をめざした。出土玉の整理は設楽原歴史資料館の協力で行い，玉の撮影は織田昌彦によった。[注1]

(1)　設楽原の出土 17 個

ア　設楽原出土玉の一覧

出土玉を保管する各施設，玉発見（採拾）者等の協力を得てまとめたのが次の一覧表である。各玉の記述については，下記の例によった。

［例：玉 6 の場合］

| 6 | 山田玉 2・同上 | 11.2・10.1 | 6.2 | Pb | 白粉，穴 2 箇所接続 | **設 8** | 4.1.26 ○ |

・「6」：玉番号で，設楽原での出土順を表す
・「山田玉 2・同上」：「山田玉 2」は，山田氏が発見した二番目の玉の意味。「同上」は，出土場所が上欄の玉 5 と同じ場所である
・「11.2・10.1」：先の数字が玉の長径を，後の数字が短径を表示，単位mm
・「6.2」：玉の重さを表示，単位 g
・「Pb　白粉，穴 2 箇所接続」：玉の材質が鉛（Pb），玉が白粉（鉛のさび）で覆われている，玉に小穴が 2 箇所あり内部でつながっている

133

- 設8：鉛同位体比測定時のこの玉の記号（石座玉では「石5」など）
  　　　※鉛同位体比の測定は，平尾良光教授（別府大学）による。[注2]
- 「4.1.26」：出土の期日が平成4年1月26日，「S」は昭和，「H」は平成
- 〇や■の記号：鉛同位体比による鉛産地の推定結果を表示

> - 〇は日本産鉛，◎は日本特定鉱山，●未調査
> - ■は華南産鉛，▲はタイ国ソントー鉱山鉛

表1　設楽原個人採拾玉 12/17 のデータ　＊連吾川・大宮川筋

No.	玉名・出土位置	長・短径 mm	重量 g	素材・形状・色 同位体比調査	備考	
1	峯田玉　・野地	所在不明		川左岸の畑，大正中頃		
2	本田玉1・連吾	11.7・8.7	5.1	Pb 全面白，半分つぶれ	S37.8	◎
3	本田玉2・同上	14.2・11.8	7.6	Fe 赤茶で表面腐食，いびつ	〃	●
4	本田玉3・横手	11.7・10.7	8.1	Pb 球形，白く風化　　設1	H3.12.2	◎
5	山田玉1・平田	12.5・12.2	9.7	Pb 傷の感じ，白い粉　　設2	4.1.26	〇
6	山田玉2・同上	11.2・10.1	6.2	Pb 白粉，穴2箇所接続　設8	4.1.26	〇
7	山田玉3・同上	所在不明			4.1.26	
8	後藤玉・信玄原	15.0・14.4	17.5	Pb 変形小，黄味白　　設3	8.8.1	▲
9	熊谷玉1・同上	11.6・10.8	7.3	Pb 白い粉，小穴部茶　設4	9.11.18	◎
10	高橋玉・　同上	10.9・10.6	6.8	Pb 部分茶色，ざらつく設7	12.7.8	■
11	熊谷玉2・同上	9.9・9.6	4.7	Pb 灰白色，球形　　　設6	13.2.7	◎
12	神真島玉・新津	12.6・10.2	9.3	Pb 傷み大，白い玉　　設5	15.8.4	〇

表2　設楽原発掘採取玉 5/17 のデータ　＊石座山

No.	玉名・出土位置	長・短径 mm	重量 g	素材・形状・色 同位体比調査	備考	
13	石座玉1・大宮	12.4・11.8	9.4	Pb 石座08A，東斜面　　石5	H20.11.4	〇
14	石座玉2・大宮	12.2・11.8	9.1	Pb 石座08B，北斜面　　石3	21.1.7	〇
15	石座玉3・大宮	11.9・10.9	8.0	Pb 石座09B，北西端　　石2	22.2.2	◎
16	石座玉4・大宮	12.1・11.3	9.1	Pb 石座10A，残土置場 石1	23.2.1	〇
17	石座玉5・大宮	12.0・10.9	6.6	Pb 石座10B，地山上　　石4	23.2.22	〇

イ　出土玉の個別情報

　17個の出土玉の大半は，最初に手でふれた瞬間に鉛玉と直感できる重量

第二章　姿を現した戦国の鉄砲玉

感をもっている。それが，天正3年のものかどうかは推定であるが，出土の事実をその場所に記すべく，標柱をその場所に建てている。新東名工事関係で出土した石座玉5個については，工事関係者の理解によって建てられたのが143頁の写真である。

　以下は，各出土玉の個別データと拡大写真である。

表記・説明の凡例（一覧表の説明と重複する部分等は省いた）
①発見期日　②発見者　※玉の名前は，発見者の姓をとり「本田玉」等とした
③出土場所　地名・地番とともに，地図上の位置表示，概略の状況説明
④出土玉　玉の外寸・重量，形状説明，分析データ，玉写真とNo.
　※分析データは，玉の組成比率（一部）と鉛同位体比調査No.
　Pb98, Sn1.4, Cu-：Pb98は鉛98％，Sn1.4は錫1.4％，Cu-は銅の含有無
⑤出土時の様子　⑥現在の保管場所　　　〈写真：原図はカラー〉

玉No.2　本田玉1　　材質：鉛

①発見期日　昭和37年8月
②発見者　　本田寿儀氏
③出土場所　竹広字連吾276-1
　・飯田線連吾川鉄橋の西北畑地内
　・徳川布陣地の南端にあたる付近

④出土品　鉛玉風の白い玉
　・外寸（長）11.7，（短）8.7mm
　・重量　5.1g
　・形状　黒味がかった部分もあるが，全面真っ白。
　　　少しつぶれた感じで，3箇所に傷のような切れ込みがある。

写真 No.H14

写真 No.H11

⑤出土時の様子　・雨降りの翌日，芋畑の草取中の発見。丸山彭氏の話が念頭にあったから，重いので鉄砲玉と直感。
⑥現在の保管場所　長篠城址史跡保存館

玉 No.3　本田玉2　　材質：鉄と推定

①,②,③,⑤,⑥は玉2と同じ
④出土品　鉄玉風の茶色玉で一見して鉛玉とは違う感じ
- 外寸（長）14.2,（短）11.8mm
- 重量　7.6g
- 形状　他の玉に比べ丸みが違う。かなりいびつで，球形とはいい難い感じ。全面黒っぽい茶色で，表面はかなり腐食している。錆から鉄はまちがいないが，玉かどうか？

写真 No.H22　　　写真 No.H21

玉 No.4　本田玉3　　材質：鉛

①発見期日　平成3年12月2日
②発見者　　本田寿儀氏
③出土場所　竹広字横手494
- 山縣塚上方の高台の畑
- 一帯は武田軍布陣地

④出土品　鉛玉らしき白い玉
- 外寸（長）11.7,（短）10.7mm
- 重量　8.1g
- 形状　風化して白い粉に覆われ真っ白，所々茶色。小さなくぼみ多く表面が滑らかでない。粉のふく感じはない。凹みや傷はあるが球形。

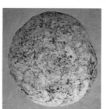 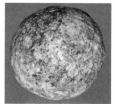
写真 No.H32　　　写真 No.7394

- 分析データ　Pb98,Sn1.4,Cu-　鉛同位体比調査No. BP5303

⑤出土時の様子　前回発見から30年近く経過，ここも出ると思っていた。
⑥現在の保管場所　設楽原歴史資料館…以下8個をここで保管

第二章　姿を現した戦国の鉄炮玉

玉 No.5　山田玉1　　材質：鉛

①発見期日　平成4年1月26日
②発見者　　山田浅二郎氏と同家族3人
③出土場所　大宮字平田12,13の水田
・当時休耕田で畑状態，遺跡発掘中の隣
・一帯は連合軍の後方陣地
④出土品　鉛玉らしき白い玉
・外寸（長）12.5，（短）12.2mm
・重量　9.7g
・形状　全面に白い粉。傷跡はあるが凸凹は少なく，表面は滑らか。外寸の長短の差は小さく，しっかりした球形。

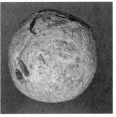
写真 No.7402

写真 No.7811

・分析データ　Pb98, Sn1.3, Cu-, 鉛同位体比調査№ BP5304
⑤出土時の様子　新城の大ノ木遺跡で「勾玉が出た」と聞き，現地を訪ねたが発掘はお休み。隅の残土辺で白く重い石を3個拾う。

玉 No.6　山田玉2　　材質：鉛と推定

①，②，③，⑤は玉№5と同じ
④出土品　風化した灰白色の玉，欠損して穴のある玉
・外寸（長）11.2，（短）10.1mm
・重量　6.2g
・形状　全面に白い粉。表面に大きな穴が2か所あり，内部でつながる。穴の内径は5mmと3mm。小穴は鉛の一部が抜け落ちた？　表面の滑らかさは山田玉1に似る。

写真 No.7802

写真 No.7400

・分析データ　鉛同位体比調査№ BP5662

137

玉 No.8　後藤玉　材質：鉛

①発見期日　平成8年8月1日
②発見者　後藤静香氏（新城市東郷東小1年）と
　　　　　祖父輝夫氏，妹美穂氏
③出土場所　竹広字信玄原552（下図）
　・台地西の下り斜面との林地境（資料館裏）
④出土品　大きく重い玉
　・外寸（長）15.0，（短）14.4mm
　・重量　17.5g

写真 No.7390

　・形状　設楽原出土玉で最大，崩れのない球形。全
　　　　体に青い感じの白，茶色が点在。小さな凸凹
　　　　はあるが，思ったより全体が滑らか。
　・分析データ　Pb98，Sn1.4，Cu-
　　　　鉛同位体比調査№ BP5305
　　　　※鉛同位体比測定から，タイのソン
　　　　　トー鉱山の鉛が主体と推定。

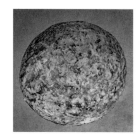

写真 No. G 92

⑤出土時の様子　・祖父と孫が，虫取りで林地境の遊
　　　　　　　　歩道を歩いていた時，小一の眼に
　　　　　　　　赤土の上の白い玉が映る。

玉の出土から ⇒ 両軍の激しい動きが見える場所

・台地の上で5個（内1個は下地図の右下方），台地下で2個の出土。

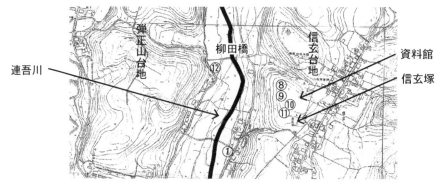

図 2-3　連吾川柳田橋付近の二つの台地と出土玉

138

第二章　姿を現した戦国の鉄砲玉

　前頁地図は両軍激突の連吾川戦線の中央部に当たる。一角に信玄塚の地図表示があるように，付近には戦いの激しさを伝える史跡も多い。信玄塚の北隣は，4個の玉出土の高台の西端で，里山林地の下り斜面下り口である。

　この境目が，工事の機会にこの台地特有の赤土の遊歩道となっている。連吾川を眼下に見下ろすこの場所からは，右に武田軍布陣の柳田方面，正面に連合軍布陣の弾正山台地が目に入る。現在は木立が茂って眺望はよくないが，大正の頃までは薪や草刈用の里山で見晴らしは結構よかったという。

　ここから南西150mほどの連吾川沿いの畑で，最初の出土玉「峯田玉」①が発見されている。また，4個の出土位置から西（北より）へ200mあたりの川右岸で「神真島玉」⑫が出土している。それぞれ発見されやすい状況が整った所で，「たまたま見つかった」のであるが，玉の出土によって両軍の動きが直接感じられる場所となった。

　※⑧は後藤玉，⑨は熊谷玉1，⑩は高橋玉，⑪は熊谷玉2

玉 No.9　熊谷玉1　材質：鉛

①発見期日　平成9年11月18日
②発見者　熊谷昇吾氏
③出土場所　資料館裏
④出土品　白い玉
　・外寸（長）11.6,
　　　　（短）10.8mm
　・重量　7.3g

写真 No.7392

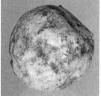
写真 No.7817

　・形状　灰白色で所々茶色。ほぼ球形だが，小さなくぼみがあちこちにあり，
　　　　形も少しゆがんでいる。表面は滑らかでない。
　・分析データ　Pb99，Sn-，Cu-，他に As0.2，Ag0.1
　　　　鉛同位体比調査No. BP5306
　　　　※鉛同位体比測定から，この玉は本田玉3と同一日本鉱山の鉛
　　　　　と推定。
⑤出土時の様子　・資料館裏で出土していたので，「ここはありそうだ。次が
　　　　　出るはず！」と普段から探していた。

玉 No.10　高橋玉　　材質：鉛

①発見期日　平成12年7月8日
②発見者　　高橋　梓氏
　　　　　　（山梨県大和小6年）
③出土場所　資料館裏
④出土品　　白い玉
　・外寸（長）10.9，（短）10.mm
　・重量　6.8g

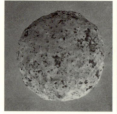 

写真 No.Ta 1　　　　写真 No.Ta 2

　・形状　ゆがみのない球形で，真っ白に風化。点々状に小さく茶色がついて
　　　　　いる。きれいな球体だが，表面は小さくごつごつしている。
　・分析データ　鉛同位体比調査No. BP5661
　　　　　　　　※鉛同位体比測定から，この玉は中国華南産鉛を使用と推定。
⑤出土時の様子　・資料館見学で「火縄銃の玉は鉛が錆びて白い」と聞き，資
　　　　　　　　　料館裏で白い石を友達と探した。
　　　　　　　　・15分位探していると白くて小さい丸いものが目に入った。
　　　　　　　　　一瞬 "玉か？" と思った。

玉 No.11　熊谷玉2　　材質：鉛（発見玉の中で最小）

①発見期日　平成13年2月7日
②発見者　　熊谷昇吾氏
③出土場所　資料館裏
④出土品　　白い玉
　・外寸（長）9.9，（短）9.6mm
　・重量　4.7g

写真 No.7406　　　　写真 No.K21

　・形状　風化して灰白色に覆われ，
　　　　　所々茶色，白い丸石に見える。
　　　　　小さなくぼみ多く，表面は滑らかでないが球形。
　・分析データ　鉛同位体比調査No. BP5660
　　　　　　　　※鉛同位体比測定から，本田玉3と同一日本鉱山の鉛使用と推定。
⑤出土時の様子　・資料館裏南側の椎の大樹に近く，台地が西側に傾斜し始め
　　　　　　　　　る赤土のところで採拾。前日が雨であった。

第二章　姿を現した戦国の鉄炮玉

玉 No.12　神真島玉　　材質：鉛

① 発見期日　平成15年8月4日
② 発見者　　神谷光希，真田晃次，島田直紀の各氏
　　　　　　（新城市東郷西小5年）
③ 出土場所　竹広字新津地内の水田横
　　　　　　・大宮企業団地の東坂下道横
④ 出土品　白い玉

- 外寸　（長）12.6，（短）10.2mm
- 重量　9.3g
- 形状　白く風化し，所々は鉛色。小さな凸凹や傷みが多く，削れた所は灰黒色が目立つ。傷んでいない部分の表面は案外滑らか。
- 分析データ　Pb99, Sn1.2, Cu-
　　　　　　鉛同位体比調査No. BP5307

⑤ 出土時の様子　連吾川右岸の柳田橋近くで3人で玉探しをしていたら，本当の玉に出会った。「重さから，火縄銃の玉とわかった。」

写真 No.7809

写真 No.7396

同一鉱山産の鉛使用の玉の類似

本書の「研究の視点Ⅱ」によると，設楽原出土玉（現存）15個中5個が鉛同位体比測定から日本の同一鉱山産の鉛使用の玉と推定された。その内3個は，カラー写真で見ると表面の感じだけであるが極めてよく似ている。

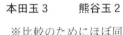

本田玉3　　熊谷玉2
※比較のためにほぼ同大に拡大した。

熊谷玉1

この3個に対し，同じ鉱山産鉛の玉と推定された本田玉1と石座玉3は様相がかなり違う。

表面の感じが独特でよく似ており，モノクロームのこの写真でも素材の共通性を感じる。

ウ　石座山台地北端の5個の玉の出土

　新東名建設予定地となった石座神社遺跡の発掘調査で，鉄炮玉らしき玉が5個出土した。

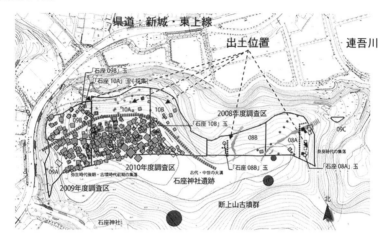

図 2-4　石座神社遺跡の遺構配置図と出土玉

　上図は愛知県埋蔵文化財センターの早野浩二氏の作図で，平成20～23年にかけて実施された石座神社遺跡発掘の遺構配置図の中へ，鉛玉の採取場所を記入したものである。[注3]

　ここは設楽原古戦場の織田軍布陣地としては最北端に近く，石座神社の北側に広がる台地とその周辺を示している。

・上図の右側（台地を下がった所）を連吾川が北から南へ流れている。
・図の左側中央部の古代集落跡を，北側から囲うように大溝があり，斜面の上北端を東西に走っている。その大溝（堀）に沿う感じで玉が発見されている。

　北斜面上部の「大溝」に関しては，見解の異なる二つの報告がある。

写真 2-4　石座台地の発掘作業

第二章　姿を現した戦国の鉄炮玉

●天正の戦いの陣城遺構である
○野戦築城の遺構とするには新たな検討が必要

　前者は，池田誠氏の「縄張研究の視点による長篠合戦の再検討」（『中世城郭研究第 6 号』）や藤井尚夫氏の「後詰軍の仰撃戦，長篠の戦い」（『復元イラスト中世の城と合戦』）である。後者は，高田徹氏の「三河長篠城及び長篠合戦陣所群の検討」（『中世城郭研究第 10 号』）である。

　これらの中の一つの見解で，2000.5.17 のＮＨＫ番組「新説　長篠合戦」が放映された。前頁「大溝」を「陣城」の跡と紹介し，「巨大な陣城が勝利の決め手」とし地元に当時を記した文献があるという内容であった。[注4]

　地元では，石座山に　・地境があること　・堀状の小道があること　は承知していたが，設楽原決戦の関係遺構という見方はしていなかった。特別な伝承もないが，弾正山から石座山・火おんどり坂から柳田山の「才ノ神」にかけてあの当時の遺構があるという見解には違和感があったので，3 年間にわたって調査を行い，『設楽原紀要 7 号』で報告した。

- 地元の目からは，古代の磐座信仰（巨石信仰）につながる石座神社の「結界」を含め旧神社跡への道筋等で，当時の「陣城」とみるには位置が不自然と考える。[注5]

　その一連の場所付近で，鉛玉が発見されたことは，改めて大溝の「移動経路」としての役割を感じさせる。

- ◎出土 5 個の玉は何れも表面が赤土の影響を感じる色合いが出ており，成分組成の数値も，他の設楽原玉と違って，Fe 値が見られる。

写真 2-5　石座玉発見地標柱

143

玉 No.13　石座玉1　　材質：鉛

①発見期日　平成20年11月4日
②発見者　　遺跡発掘作業担当者
③出土場所　石座神社遺跡08A調査地区
・石座山台地の東端を少し下りかけた所で，ここから急斜面になる。
④出土品　報告№3569　白茶の玉
・外寸（長）12.4，（短）11.8mm
・重量　9.4g
・形状　白に一部茶色，ゆがみの少ない球形。
・分析データ　Pb99，Fe0.5，Cu-
　　　　　同位体比調査№BP5659（石5）
　　　　※日本鉱山の鉛
⑤出土時の様子　表土をはがす作業中（石座玉共通）
⑥現在の保管場所　愛知県埋蔵文化財調査センター（石座玉は全てここ）

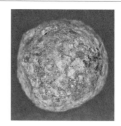

写真 No.8051

写真 No.8057

玉 No.14　石座玉2　　材質：鉛

①発見期日　平成21年1月7日
②発見者　　遺跡発掘作業担当者
③出土場所　石座神社遺跡08B調査地区
・石座山台地の北斜面を少し下がった所，大溝の下側
④出土品　報告№3570　白茶の玉
・外寸（長）12.2，（短）11.8mm
・重量　9.1g
・形状　白に，茶色の島模様。平坦な凹み。
　　　　赤茶の模様は全石座玉に共通している。
・分析データ　Pb98，Fe1.8，Cu-
　　　　　鉛同位体比調査№BP5657（石3）
　　　　※日本鉱山の鉛

写真 No.8060

写真 No.8061

第二章　姿を現した戦国の鉄炮玉

玉 No.15　石座玉3　　材質：鉛

①発見期日　平成22年2月2日
②発見者　　遺跡発掘作業担当者
③出土場所　石座神社遺跡09B調査地区
・石座山台地の北西端斜面をかなり下がった所で、大溝の北側下方。
④出土品　報告№3571　白茶の玉

写真 No.8063

・外寸（長）11.9，（短）10.9mm
・重量　8.0g
・形状　　白に茶色少し。ややゆがみ。
・分析データ　Pb100，Fe0.2，Cu-
　　　　　　鉛同位体比調査№BP5656（石2）
　※1　鉛同位体比から、本田玉3と同一日本鉱山の鉛。
　※2　ここのモノクローム写真では、他の同一日本鉱山の鉛玉である本田玉3・熊谷玉1・熊谷玉2とは随分見た目が異なる。

写真 No.8064

玉 No.16　石座玉4　　材質：鉛

①発見期日　平成23年2月1日
②発見者　　遺跡発掘作業担当者
③出土場所　石座神社遺跡10A調査地区
・石座山台地の北西端斜面で、石座玉3の上
④出土品　報告№3572　白茶の玉

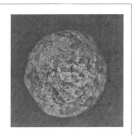

写真 No.8067

・外寸（長）12.1，（短）11.3mm
・重量　9.1g
・形状　　白に茶色少し。変形小。
・分析データ　Pb100，Fe0.3，Cu-
　　　　　　鉛同位体比調査№BP5655（石1）
　※日本鉱山の鉛と推定
⑤出土時の様子　集積された残土の表面で採取したが、他の石座玉同様に独特な赤茶味がある。

写真 No.8068

145

玉 No.17　石座玉5　　材質：鉛

①発見期日　平成23年2月22日
②発見者　　遺跡発掘作業担当者
③出土場所　石座神社遺跡10B調査地区
　・石座山台地の中央部北側の大溝付近
④出土品　報告No.3573　白茶の玉
　・外寸（長）12.0，（短）10.9mm
　・重量　6.6g
　・形状　亀の頭のような突起があり，変形。
　　　全体に風化が進み，もろい感じ。
　・分析データ　Pb100，Fe-，Cu-
　　　　　　鉛同位体比調査No.BP5658（石4）
　　　※・日本鉱山の鉛と推定
　　　・石座山出土5個中，成分組成でこの玉
　　　　だけ鉄分が検出されなかった。分析サンプルの採取部分に
　　　　よるのだろうか？
⑤出土時の様子　地山の頂上付近での出土はこの玉だけ。

写真 No.8073

写真 No.8070

注1　出土玉の記録は，各データ・報告を基に改めて整理，まとめたもので，次を参考にした。石座玉については，注3資料によった。
　・『銃砲史研究：第371号』（日本銃砲史学会）の「設楽原の鉄炮使用と鉛玉」
　・『あい砲：第25号』（愛知県古銃研究会）の「長篠・設楽原出土玉の一覧」
　・『設楽原紀要1・16号』の「古戦場から出土した玉」
　・「出土玉から見る"鉄炮の戦い"」（設楽原歴史資料館開館20年記念講座：2016.12）
注2　「設楽原・長篠城から出土した鉄炮玉の鉛同位体比」（平尾良光・西田京平：別府大学大学院文学研究科，2011）と『銃砲史研究：第371号』による。
注3　愛知県埋蔵文化財センターの「石座神社遺跡調査資料/2011」（早野浩二）による。
　・玉の写真は愛知県埋蔵文化財センター，愛知県埋蔵文化財調査センターの協力による。
注4　「巨大な陣城…（地元の文献）」が『三州長篠合戦記』である。この『口語文全訳-三州長篠合戦記』を編集した竹下弘氏も，書かれた時期は幕末，筆者不明と記している。『長篠日記』系だが地名の誤記が目立つ。
注5　『設楽原紀要7号』の「設楽原に陣城はあったか」（設楽原陣城研究会）参照。

コラム：古戦場の風景
戦国武人⑤

三遠境目の井伊谷と直虎

　新城市の富岡や中宇利地区は昔から遠州の三ヶ日とは縁が深い。柿本城の山吉田は、炭焼田峠を越えれば井伊谷はすぐである。この三遠境目で、戦国を生き抜いたのが井伊谷三人衆と女領主「次郎法師」直虎である。

井伊家の一人娘

　鎌倉時代以降、井伊谷は、国衆の井伊家を中心に井桁の旗印の下に独自の地域を形成していた。後に領主となる直虎は、22代当主直盛の一人娘として、天文5年頃に誕生したが幼名は分かっていない。

　桶狭間の戦いで当主直盛が戦死し、家督を継いだ直親も讒言により永禄5年（1562）今川家臣に討たれ、その後も曾祖父井伊直平の犬居城攻めでの急死を始め、支える家臣を次々に失い、井伊家は存亡の危機に陥った。

　永禄8年、井伊家菩提寺龍潭寺の南渓和尚の助言で、出家していたひとり娘の次郎法師は、還俗して直虎と名乗り、井伊家の当主となった。「井伊家伝記」は、次の様に記している。

- 井伊直盛公息女…南渓和尚の弟子に御成なされ…備中法師と申す名は井伊家惣領の名、次郎法師は女にこそあれ井伊家惣領に生まれ候間

虎松を鳳来寺へ

　井伊家が危機に瀕したその頃、将来の当主である直親の子虎松も命を狙われていた。直虎と南渓和尚は、8歳の虎松を三河の鳳来寺に預けることにした。古くから「殺生禁断の地」として知られる鳳来寺の学僧達によって、人として武将としての素養を学んだのであろう。

鳳来寺山

　この間、直虎とともに井伊谷をまもり、家康の遠州進出を援けたのが「鈴木・菅沼・近藤」の井伊谷三人衆であった。天正3年、家康に出仕した虎松は、やがて、井伊直政として新しい時代を開いてゆく。

安彦誠一（奥三河観光協議会）

(2) 長篠城址の出土 30 個

長篠城跡試掘調査　　平成 11 年から 18 年にかけて行われた長篠城跡の試掘調査報告の中で，火縄銃の玉情報として 30 件が記載されている。

『長篠城址　第 1 次～4 次試掘調査報告書』 2004.1
『史跡長篠城跡　第 5 次～8 次試掘調査報告書』 2004.9～2007.3

調査は 7 次まで鳳来町教育委員会が行い，8 次は新城市教育委員会が行なった。

出土玉については，遺物報告メモ・実測図・遺物一括写真・遺物一覧の 4 形式で記録されているが，細部計測と玉の個別写真は今回新たに行なった。

図 2-5　長篠城の縄張り
（愛知県中世城館調査報告書Ⅲ）

設楽原の出土は，個人の関心による偶発的な発見の表面採拾が中心であるが，長篠城の場合は遺跡発掘の中での出土である。発掘関係の整理は岩山欣司（設楽原歴史資料館学芸員）が行い，その後の整理は小林と岩山が行った。

長篠城址での出土玉
① 発見の経緯　：全て長篠城址試掘作業中
② 玉の素材　　：鉛 21 個，銅玉 8 個，半田 1 個　　全 30 個

ア　長篠城の玉

長篠城を舞台にした戦いは，鉄炮使用でみると天正元年と 3 年の 2 回ある。

◆**天正元年（元亀 4 年，1573）の戦い**　※元亀 4 年 7 月 28 日，「天正」に改元。
　7 月 20 日，信玄死去を確信した家康は，大野川対岸に出城の鳶ヶ巣砦を築き長篠城を囲んだ。城主の菅沼正貞は武田の援軍を待たずに開城した。
　・『菅沼家譜』　家康公軍兵ヲ催し，長篠城ヲ攻，火矢ヲ以テ之射ル。…城中焼亡。
　・『長篠日記』　長篠ノ城ヲ家康公 … 攻玉フ。… 城中へ火矢ヲ打掛，之ヲ攻ム。
◆**天正 3 年（1575）の戦い**
　徳川方の奥平軍が守る城を，奪回を目指す武田軍が 1 万 5 千の大軍で囲んだ。籠城の奥平方の鉄炮使用は文献にみられるが，武田軍の鉄炮使用は『譜牒余録：奥平家伝記』等にわずかである。　※「1 長篠城」の(2)参照。

第二章　姿を現した戦国の鉄砲玉

　元亀４年，「信玄倒れる！」の第一報から３か月間武田軍の様子を見きわめてきた家康は，相手に対し優位な鉄砲を使用して短期に戦いを終わらせようとした可能性がある。この場合なら，発射した家康方の玉が城内に残る。ただ鉄砲使用を記す文献資料はない。

　天正３年ならば，武田方が打ち込んだ玉か？　奥平方使用のこぼれ玉か？になる。文献の記述は，城側の発砲が殆どで武田方の記述はごく限られている。

　それぞれの出土玉が，どちらの側の発射したものか，長篠城の場合は分かりにくい。ある程度鉄砲を準備していた城方のこぼれ玉も多いだろうし，打ち込まれた玉もあるはずである。両者の決め手はない。加えて，天正元年の家康方の長篠城攻めがある。

　また，設楽原に比べて，長篠城で銅玉の出土比率が高いのも謎である。

出土玉一覧　　これらの長篠城玉を，関連調査資料から一覧表にまとめた。記述は次の例によった。

8	3次・本丸Ⅳt土壙	14	8.7	Pb	平たい半球，全面白	●⑩	21図20

- ・「8」：長篠城跡の玉番号で，ほぼ出土の順の意味
- ・「3次・本丸Ⅳt土壙」：第3次調査で，本丸のⅣt土壙で出土した玉
- ・「14」：玉の長径が14mm（短径は個別データで示す）
- ・「8.7」：玉の重さが8.7g
- ・「Pb　平たい半球，全面白」：「Pb」は玉の材質が鉛（「Cu」は材質銅）
  変形が大きく平たい半球状で，玉の表面は全面が白
- ・「●⑩」：鉛同位体比調査の玉で，⑩はその調査番号，●は日本産の鉛
  ●は，同じ日本産鉛でも特定の鉱山産の意味
- ・「21図20」：「21図20」は調査報告書の説明図№

※鉛同位体比調査玉の表示記号は，次の5種で鉛産地情報等を示す。

　　・●は日本産鉛，その内の特定鉱山鉛は「●」で区別
　　・■は中国の華南産鉛，▲はタイのソントー鉱山鉛
　　・○は日本と他地域の混合鉛
　鉛同位体比による産地推定は，設楽原玉の場合同様，平尾良光教授による。

149

表3　長篠城址発掘玉　30/30 のデータ

No.	試掘・出土位置	長径mm	重量g	素材・形状・色　※	備　考
1	1次・駐車場横空地	14.3	13.6	Pb　地灰色	11 図 33
2	1次・Vt	16.7	10.5	Cu　青黒，変形大　　　　⑥	31 図 15 ☆非玉
3	2次・Ct　中堀の底	12.3	6.9	Pb　変形，白地に黒茶模様	17 図 10
4	2次・Ct	12.1	6.9	Pb　白地，半分はがれ　●⑨	17 図 11
5	2次・Et	12.1	7.2	Pb　地は白と灰色　　○⑦	27 図 5
6	2次・Et	11.5	5.5	Pb　白地，半球　　　　●⑧	27 図 6
7	3次・本丸Ⅳt 土壙	12.3	7.5	Pb　白地，　d 63cm	21 図 19
8	3次・本丸Ⅳt 土壙	14.0	8.7	Pb　平たい半球，全白　●⑩	21 図 20
9	3次・本丸Ⅳt 土壙	14.8	8.0	Pb　突起，近くに焼けた土	21 図 21
10	3次・本丸Ⅳt 土壙	11.6	4.6	Cu　青地，細長	21 図 22
11	3次・本丸Ⅳt 土壙	12.7	6.6	Cu　青地	21 図 23
12	3次・本丸Ⅳt 拡張区	11.0	5.1	Cu　全体青黒模様	21 図 24
13	3次・本丸Ⅳt 土壙	17.1	5.7	Pb　白地，鉛小塊	☆非玉？
14	4次・Dt-Vt	13.2	6.9	半田（Sn,Pb）灰地　■⑪	13 図 18
15	4次・Dt-Vt 東埋土	12.3	7.6	Pb　白地，十字に帯　　▲⑫	13 図 19
16	4次・Dt-Vt	11.0	3.8	Cu　ゆがみ	13 図 20
17	4次・Vt	11.6	1.1	Cu	☆非玉
18	4次・内堀東肩	15.3	6.8	Pb　片平の半玉風　白地	17 図 27
19	4次・内堀 t 南	12.5	7.4	Pb　白地	17 図 28
20	4次・内堀堆積土	11.5	5.9	Pb　白地	17 図 29
21	4次・内堀南法面	12.3	8.7	Pb　白地ゆがみ	17 図 30
22	4次・内堀上層	19.3	7.7	Pb　鉛小塊，欠損中空？	17 図 31
23	4次・内堀東	15.8	2.6	Cu　変形大	☆非玉
24	5次・5 Ct 廃土	13.0	7.7	Pb　白地　平たい半球（2/3）	13 図 8
25	5次・一次 t 検出面上	14.5	9.5	Pb　白，清掃中発見　　■⑬	14 図 15
26	5次・5 Dt 耕作土	10.3	4.6	Cu	14 図 16
27	5次・5 Dt 廃土中	12.2	6.8	Pb　白地	14 図 17
28	5次・5 Et 北側	11.9	7.2	Pb　白地	15 図 25
29	5次・5 G － 1	12.8	7.6	Pb　風化大	☆
30	8次・8 At	11.8	7.1	Pb　白地	12 図 75

※出土30個中，発掘で28個，2個は地表採拾

第二章　姿を現した戦国の鉄炮玉

図 2-6　長篠城跡試掘調査における出土玉の場内位置

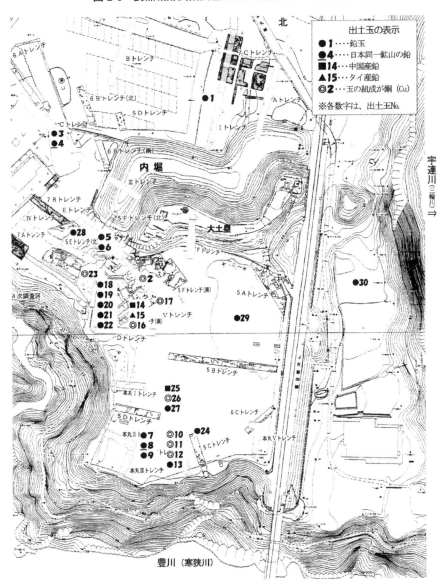

※1　「出土玉の表示」の「●」は，材質が鉛を表し，産地情報はない。
※2　玉の出土位置は，発掘時の出土記録からまとめて表示した。
※3　川水面からの崖の高さは25m強。計測はＧＰＳロガーによる。

151

イ 出土玉の個別情報

> **表記・説明の凡例**（一覧表の説明と重複する部分等は省いた）
> 　玉の名前：「長篠玉№.」で統一。調査区名と報告書の玉図版№，材質を付記
> 　　　　　したが，（日本産 S）の「S」は特定の同一鉱山の意味
> ①発見期日：試掘での採取日，P 数字は写真番号
> ②出土場所：出土トレンチを中心に記述
> 　　　　　・城内の概略の位置を，図 2-6 に玉番号と材質記号で表示
> ③玉の形状：形状説明，外寸・重量，玉の組成比率，BP 数字は分析データNo.
> 　　　　　Pb98，Sn1.4，Cu-：Pb98 は鉛 98%，Sn1.4 は錫 1.4%，
> 　　　　　Cu- は銅「含有なし」

長篠玉 1　一次表採　11 図 33　材質：鉛
①発見期日　平成 11 年 11 月 2 日　　P7240
②出土場所　駐車所横空地で表面採拾
③玉の形状　・傷みのない球形，地は灰色
　　　　　・設楽原の本田玉 3 に表面が類似
　　　　　長径 14.3，短径 13.1㎜／重さ 13.6g

長篠玉 2　一次 Vt　31 図 15　材質：銅　形状から非玉
①発見期日　平成 12 年 1 月 19 日　　P7833
②出土場所　V トレンチ内
③玉の形状　・変形大きく非球形，
　　　　　・緑青に赤茶の塊（鉛 0.04% 以下）
　　　　　長径 16.7，短径 10.1㎜／重さ 10.5g
　　　　　・Pb-，Sn-，Cu99，Ag0.7　・BP5308　(No. 6)

長篠玉 3　二次 Ct　17 図 10　材質：鉛
①発見期日　平成 13 年 1 月 22 日　　P7824
②出土場所　中堀の底
③玉の形状　・ゆがんだ楕円体，風化大
　　　　　・表面の黒部分が目立つが地は白
　　　　　長径 12.3，短径 10.1㎜／重さ 6.9g

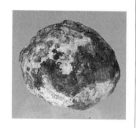

第二章　姿を現した戦国の鉄砲玉

長篠玉4　二次Ct　17図11　材質：鉛（日本産S）
①発見期日　平成13年1月22日　　P7244
②出土場所　中堀の底
③玉の形状　・きれいな球形
　　　　　　・表面の一部がまとまってはがれる
　　　　　　長径12.1，短径10.4㎜／重さ6.9g
　　　　　　・Pb98,Sn1.3　・BP5311（No.9）

長篠玉5　二次Et　27図5　材質：鉛（混合材）
①発見期日　平成12年11月13日　　P7416
②出土場所　Eトレンチ内で採取
③玉の形状　・地は白と灰，表面の模様独特
　　　　　　長径12.1，短径11.5㎜／重さ7.2g
　　　　　　・Pb98,Sn2,Cu0.1　・BP5309（No.7）

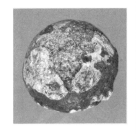

長篠玉6　二次Et　27図6　材質：鉛（日本産S）
①発見期日　平成12年11月23日　　P7836
②出土場所　Eトレンチ内
③玉の形状　・変形大，白い玉，平面に黒い溝2本
　　　　　　・一面が平たくつぶれ半球に近い
　　　　　　長径11.5，短径8.3㎜／重さ5.5g
　　　　　　・Pb99,Sn-,Cu-　・BP5310（No.8）

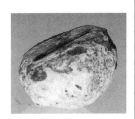

※「かたふた」の可能性がある

長篠玉7　三次本丸Ⅳt　21図19　材質：鉛
①発見期日　平成13年11月27日　　P7831
②出土場所　本丸Ⅳトレンチ土壙
③玉の形状　・灰白色に黒い部分が付着，いびつであるが鉛玉らしい感じの玉
　　　　　　長径12.3，短径10.3㎜／重さ7.5g

長篠玉8　三次本丸IVt　　21 図 20　材質：鉛（日本産 S）
① 発見期日　平成 13 年 11 月 21 日　　P7248
② 出土場所　本丸IVトレンチ土壙
③ 玉の形状　・平たい半球，全面が白
　　　　　　※半分であれば「かたふた」の玉
　　　　　　（宇田川武久氏）
　　　　　　長径 14.0，短径 9.0㎜／重さ 8.7g
　　　　　　・Pb98，Sn1.4，Cu-　・BP5312（No. 10）

長篠玉9　三次本丸IVt　　21 図 21　材質：鉛
① 発見期日　平成 13 年 11 月 21 日　　P7849
② 出土場所　本丸IVトレンチ土壙
③ 玉の形状　・二つの突起があり，風化はげしく
　　　　　　　傷み大
　　　　　　・出土の近くに焼けた土があった
　　　　　　長径 14.8，短径 10.3㎜／重さ 8.0g

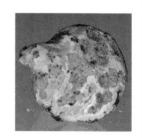

長篠玉 10　三次本丸IVt　　21 図 22　材質：銅
① 発見期日　平成 13 年 11 月 26 日　　P7236
② 出土場所　本丸IVトレンチ拡張区
③ 玉の形状　・細長球形
　　　　　　・青地に薄茶色の模様で，銅玉とわかる
　　　　　　長径 11.6，短径 9.5㎜／重さ 4.6g

長篠玉 11　三次本丸IVt　　21 図 23　材質：銅
① 発見期日　平成 13 年 11 月 31 日　　P7238
② 出土場所　本丸IVトレンチ土壙
③ 玉の形状　・薄い青緑色に土色が付着，銅玉の感じ
　　　　　　長径 12.7，短径 12.0㎜／重さ 6.6g
　　　　　　※玉 10，11 は見た目で緑青から銅玉に
　　　　　　　感じる。

第二章　姿を現した戦国の鉄炮玉

長篠玉 12　三次本丸Ⅳt　21 図 24　材質：銅
①発見期日　平成 13 年 11 月 26 日　　P7419
②出土場所　本丸Ⅳトレンチ拡張区
③玉の形状　・全面黒青色，球形
　　　　　　　長径 11.0，短径 10.4mm／重さ 5.1g

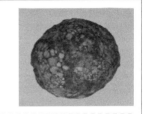

長篠玉 13　三次本丸Ⅳt　　材質：鉛
①発見期日　平成 13 年 11 月 29 日　　P7871
②出土場所　本丸Ⅳトレンチ土壙，東壁際
③玉の形状　・全面白，汚れて黒い部分が目立つ
　　　　　　・横長四角柱で，形状は非玉だが特
　　　　　　　殊な玉の可能性（宇田川武久氏）
　　　　　　　長径 17.1，短径 6.4mm／重さ 5.7g

長篠玉 14　四次 DtVt　13 図 18　材質：半田（鉛は華南産）
①発見期日　平成 14 年 11 月 27 日　　P7856
②出土場所　Dt〜Vtトレンチの間
③玉の形状　・風化大，茶灰色と青白色の部分
　　　　　　　長径 13.2，短径 11.4mm／重さ 6.9g
　　　　　　・Pb46, Sn53, Cu-　・BP5313（No. 11）
※組成は半田で鉛と錫の合金，「いぬき玉」の
　可能性がある（宇田川武久氏）

長篠玉 15　四次 DtVt　13 図 19　材質：鉛（タイ産）
①発見期日　平成 15 年 1 月 15 日　　P7819
②出土場所　Dt〜Vtトレンチの間
③玉の形状　・十字のカギ模様のある玉
　　　　　　　長径 12.3，短径 11.1mm／重さ 7.6g
　　　　　　・Pb99, Sn-, Cu-　・BP5314（No. 12）
※ 1　鉛はタイ国ソントー鉱山産と推定
※ 2　宇田川武久氏，「十字のカギ模様からは糸
　　　切玉の可能性もある」

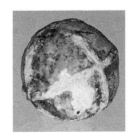

長篠玉16　四次 DtVt　13 図 20　材質：銅
① 発見期日　平成 14 年 11 月 29 日　　P7864
② 出土場所　四次 Dt〜Vt トレンチ
③ 玉の形状　・全面青色が基調で少しゆがんだ球形
　　　　　　・緩やかな凸凹が多く，玉かどうかという感じがある
　　　　　　長径 11.0，短径 8.9mm／重さ 3.8g

長篠玉17　四次 Vt　材質：銅
① 発見期日　平成 15 年 1 月 16 日　　P7867
② 出土場所　四次 Vt トレンチ付近
③ 玉の形状　・非球形で銅の塊，土色の中に緑青の部分が所々
　　　　　　・形状から非玉を感じる
　　　　　　長径 11.6，短径 7.3mm／重さ 1.1g

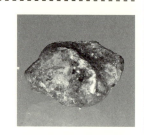

長篠玉18　四次内堀　17 図 27　材質：鉛
① 発見期日　平成 14 年 12 月 2 日　　P7852
② 出土場所　内堀東肩付近，近くに文久銭
③ 玉の形状　・表面の風化大，白灰色の半球状
　　　　　　・形状から「非玉か？」と思われるが半分欠損とも見える
　　　　　　長径 15.3，短径 8.2mm／重さ 6.8g
　　　　　※半球であれば「かたふた」玉の可能性がある。（宇田川武久氏）

長篠玉19　四次内堀　17 図 28　材質：鉛
① 発見期日　平成 14 年 12 月 11 日　　P7246
② 出土場所　内堀トレンチ南
③ 玉の形状　・少しゆがんだ丸みで，滑らかに風化
　　　　　　・表面の雰囲気が他と違う玉
　　　　　　長径 12.5，短径 9.5mm／重さ 7.4g

第二章　姿を現した戦国の鉄炮玉

長篠玉 20　　四次内堀　　17 図 29　材質：鉛
①発見期日　　平成 14 年 12 月 17 日　　P7250
②出土場所　　内堀の堆積土中
③玉の形状　・白い粉をつけふんわりした感じで、
　　　　　　　鉛玉らしい表情の玉
　　　　　　　長径 11.5，短径 9.9mm／重さ 5.9g

長篠玉 21　　四次内堀　　17 図 30　材質：鉛
①発見期日　　平成 15 年 2 月 5 日　　P7846
②出土場所　　内堀の南法面
③玉の形状　・濃い茶色の削れた部分は白っぽい、
　　　　　　　傷んでいるが玉らしい形
　　　　　　　長径 12.3，短径 11.5mm／重さ 8.7g

長篠玉 22　　四次内堀　　17 図 31　材質：鉛
①発見期日　　平成 14 年 11 月 21 日　　P7255
②出土場所　　内堀の上層部
③玉の形状　・欠損で中空の半球状
　　　　　　・当初、鉛塊？　と判断したが、写
　　　　　　　真の裏側から見ると玉の半分？
　　　　　　　のようにも見える
　　　　　　　長径 19.3，短径 8.5mm／重さ 7.7g

長篠玉 23　　四次内堀　　材質：銅
①発見期日　　平成 15 年 1 月 22 日　　P7424
②出土場所　　内堀の東側
③玉の形状　・瓜形で玉とは違う感じ、非玉
　　　　　　・緑青濃く滑らかな表面
　　　　　　　長径 15.8，短径 6.7mm／重さ 2.6g

157

長篠玉24　五次 Ct　13 図 8　材質：鉛
①発見期日　平成15年10月31日　P7862
②出土場所　廃土で発見
③玉の形状　・少しゆがみ，風化もはげしい
　　　　　　・表面は白粉がびっしりついている
　　　　　　長径13.0，短径9.9mm／重さ7.7g

長篠玉25　五次 Dt　14 図 15　材質：鉛
①発見期日　平成15年10月15日　P7252
②出土場所　一次検出面清掃中発見
③玉の形状　・変形，全面に白い粉
　　　　　　長径14.5，短径9.4mm／重さ9.5g
　　　　　　・Pb99，As0.2　・BP5315（No.13）
　　　　※鉛は華南系または朝鮮半島系と推定

長篠玉26　五次 Dt　14 図 16　材質：銅
①発見期日　平成15年10月31日　P7827
②出土場所　耕作土包含層から
③玉の形状　・小さいゆがみはあるが球形
　　　　　　・青地の中に赤点線，近くに北宋古銭
　　　　　　　出土
　　　　　　長径10.3，短径10.0mm／重さ4.6g

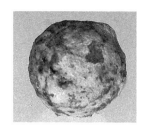

長篠玉27　五次 Dt　14 図 17　材質：鉛
①発見期日　平成15年10月29日　M273
②出土場所　廃土で発見
③玉の形状　・全体に凹みが目立ち，ゆがんだ球形
　　　　　　・表面は傷みが多く，とにかくごつご
　　　　　　　つした感じの目立つ玉
　　　　　　長径12.2，短径11.4mm／重さ6.8g

第二章　姿を現した戦国の鉄炮玉

長篠玉 28　五次 Et　15 図 25　材質：鉛
①発見期日　平成 15 年 10 月 8 日　　P7242
②出土場所　・5Eトレンチ包含層北側
③玉の形状　・ゆがんでいるが球形を保つ
　　　　　　・表面に金属の感じがない
　　　　　　長径 11.9，短径 9.7mm／重さ 7.2 g

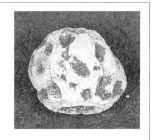

長篠玉 29　五次 Gt　5G 図 1　材質：鉛
①発見期日　平成 15 年 10 月 7 日　　P7839
②出土場所　・本丸の東側奥,
③玉の形状　・暗灰色で，風化が進んでいる
　　　　　　・追加調査で，ポツンと出た玉
　　　　　　長径 12.8，短径 11.2mm／重さ 7.6 g

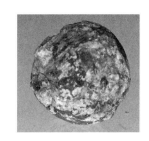

長篠玉 30　八次　12 図 75　材質：鉛
①発見期日　平成 18 年 10 月 25 日　　P7843
②出土場所　野牛郭8At 3層中　から
　　　　　　（郭の通路横）
　　　　　　8次報告書 p.16 では土錘，p.22 は玉
③玉の形状　・暗灰色，白い部分が黒ずんでいる
　　　　　　長径 11.8，短径 10.6mm／重さ 7.1g

長径mm	長篠	設楽原
0 ～ 10.0	0	1
10.0 ～ 11.5	3	2
11.5 ～ 13.0	16	10
13.0 ～ 14.5	4	1
14.5 ～ 16.0	4	1
16.0 ～	3	0
（以上）（未満）		（単位：個）

玉の大きさと材質

　玉のサイズを設楽原出土玉と比べる。下表は長径で見た出土玉のサイズ別の集計である。長篠城址も設楽原も，出土した玉の大きさについては，極めてよく似た傾向をみせている。
　・「11.5 ～ 13.0」mmのサイズに集中
　これは，3 匁前後の筒になる。玉が少し小さくなっていることを補正すれば，4 匁程度の筒になる。

159

ウ 「長篠城址」出土玉の傾向

　発掘調査と一般の表面採取とでは，出土の仕方が大きく異なるのでその違いもあろうが，設楽原玉と比べ長篠城玉の特異な傾向として3点があがる。

第一は，「変形」　つぶれた玉，風化の激しい玉が多い。

① **変形大で非玉を感じる玉**
　・玉No.2, 13, 17, 23の4点は形状から非玉と思われる。
　・No.18と22（右写真）は同様に変形大きく非玉とも見えるが，丸みを帯びた形状と外寸からは玉とも見える。No.18は，玉が物体に当たった時の衝撃でつぶれて半球状になったと見える。No.22は，衝撃で割れた時の半分とも見える。この場合，外寸から13匁筒サイズの玉になるが，単に鉛の小塊のようにも思われる。

② **変形で半球状になった玉…No.6, 8, 24, 25**
　このタイプは二つの型がある。（右はNo.8）
　・一つは，ひしゃげて外寸の大きくなった玉
　・他は，ひしゃげた感じはないが半分弱がつぶれて半球状になった玉

③ **いびつな形に変形した玉**
　・No.3, 7, 28等は，形がねじれゆがんだ玉

④ **風化して劣化の激しい玉**
　・No.4, 9（下左），14（下右），29等は材質の劣化が目立つ玉

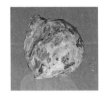 

・上と下は正面（横）から見ている
・中はつぶれた面を上から見ている
※写真：彦坂啓二

第二章　姿を現した戦国の鉄炮玉

> 第二は、8個の「銅」玉

設楽原17個中には鉄玉1個があるが、銅玉は出土していない。ここの銅玉には、出土表面の色で3タイプがある。

① 緑青のよく出ている玉
　a　薄い青みで覆われている玉……No.10・11
　　・どちらも腐食は進んでいない感じで、玉らしい形
　　・部分的に緑っぽい、薄い茶色味の所がある。
　b　覆われてはいないが、部分的に緑青が目立つ玉
　　・No.17は、部分的だが青みの部分から銅を感じる。
　　・No.2は、全体に緑の強い青で覆われ赤色部もある。

② 黄色味、赤味の線や赤い点列が目立つ玉
　・No.16・26（右写真）の玉である。酸化銅の関係と思われる。注1
③ 青黒色が目立つ玉
　・No.12・23である。とにかく黒ずんだ青色が強い。
　・No.23は青地と黒地の部分に分かれている。また、長径と短径の比が2：1を越えており、非玉の公算が大きい。黒地は酸化銅2か？

銅玉の「銅」が、銅貨をつぶしている場合がある。その点をNo.2について検討した。この玉は非玉の可能性が高いが、素材の化学組成が分かっている。

[化学組成]　Pb-, Sn-, Cu99, Ag0.7（%）
　　　　　　銅が99％以上で、他は1％以下である。
[銅貨の組成]
　・銅貨は、基本的に青銅（銅と錫との合金）である。多くの場合、それに亜鉛が加わる。宋銭の場合、錫と鉛で15〜30％という。
　・銅の融点は1083℃であるが、溶解した錫に銅を入れると「錫と銅の比が3対7」あたりでは、融点は700℃程まで下がる。構成比率で融点が降下する。〈cf.『青銅鏡をつくる』（小倉毅）他〉
[銅貨の利用は？]
　No.2玉の組成には錫等が含まれていないので、銅貨（鐚銭）をつぶして作られたものではないと考える。

長篠城址発掘30点（鉄砲の玉らしきもの）中8点は，重量から見て銅玉である。この銅玉の比率の高さは，どこからくるのだろうか。鉛玉と違って銅や鉄は融点が高いので玉作りは簡単でない。

> 第三は，非玉の出土

設楽原の出土は，玉を意識する目が「不特定の場所で偶然出会った」玉である。もともと玉のイメージがあって採拾している。一方，長篠城の場合は試掘調査範囲内の悉皆調査である。玉らしくなくても，遺物として採取される。ここに，非玉の出土が入ってくる。

　当初，No.2，13，17，22，23の5個は非玉とみたが，微妙なところがある。前々頁の22玉は，凹んでいる裏側（丸みを帯びた側）から見ると右写真のように少し表面が風化した感じはあるが丸い鉛玉の一部である。玉の口径（ここでは長径）19.3mmは，現存する日本最古の鉄砲といわれる龍源院砲や伝説の信玄砲と同じサイズの十三匁筒の玉になる。現時点では，どちらとも決めかねている。

　No.17も，「出土玉の個別情報：長篠玉17」の写真では玉は考えられないが，右写真の下側の「丸み」は明らかに玉の「顔」である。ここをどう見るかで，簡単に「非玉」とは決めがたい。

　玉かどうかは分からないが，悉皆調査なるが故の利点である。その点，「研究の視点」は大きく参考になった。

注1　銅のさび
- 酸化銅1　Cu_2O　空気中に放置されるとできる銅の赤いさび（黄色味）
- 酸化銅2　CuO　天然に黒銅鉱として産出
- 硫化銅　　Cu_2Sで黒色
- 緑青　　　$nCuSO_4・mCu(OH)_2$　銅や青銅の表面にできる緑色のさび，これができると腐食の進行が止まる

コラム：古戦場の風景
戦国武人⑥

消えた仙丸の「明日」── 戦国の決断と代償

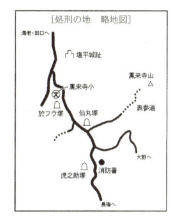

　天正元年8月，作手の奥平氏が亀山城を去って武田から徳川方についた。翌9月16日，奥平の若き当主奥平信昌（人質として残った仙丸の兄）は，家康から長篠城の"城番"を命じられた。

　奥平父子の離反を確かめた武田軍は，人質の定めに従って奥平から預かっていた3人の人質を9月21日処刑した。仙丸（13歳）・於フウ（16歳）・虎之助（16歳）である。3人の処刑場所は，いずれも鳳来寺山麓の門谷周辺であった。

乳母の決断

　仙丸の付き添いであった乳母は，刑場に晒された無残な姿を目にすると急いで在所の額田（現岡崎市）に帰り，身内のものに頼んで引き返し，密かに晒された首を運び出したという。

　「永順ト云フ僧，名之内（現桜形）百姓ト忍ンデ遺骸ヲ奪テ帰ル。密カニ夏山村ニテ葬式ヲ行フ。夏山ハ一族城下，殊ニ乳母ノ在所。…夏山遊仙寺ハ是也。…廣祥院記云」（『奥平氏と額田』による）

届けられた墓前の花の種

　慶長7年（1602）7月付けの奥平信昌書状が額田の天恩寺にある。戦後家康の長女亀姫を迎え，徳川一族として当時岐阜の加納城主であった信昌の手紙である。そこには，遊仙寺の仙丸塚の前に咲いている芥子の花の種5袋を届けてくれたことへの感謝が記されている。

　30年前，一族の決断と引き換えのように非業の最期を遂げた13歳の弟仙丸が，いつまでも関係者の胸に刻まれ続けていたことを伝えている。

■文と写真：黒田隆雄（故人）

遊仙寺

3　玉が語る戦いの姿

　これらの出土玉は，それぞれがあの日の戦いの姿を示している。その数はわずかだが，戦国の決戦の当事者である物言わぬ彼らの言葉を拾う。

(1)　決戦の舞台は設楽原

　2章の図2-1（125頁）は，設楽原古戦場に於ける発見玉の実際の出土場所を玉毎に記している。川との関係でどのように出土しているかを概括してみるために，出土17個と連吾川との位置関係を中心に，地図を模式図で表し直したものが，次の図2-7である。

　※模式図にしたために，連吾川と他の川との距離間隔は不正確になった。

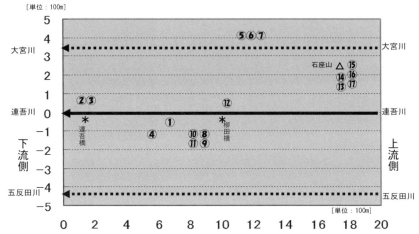

図2-7　出土玉の連吾川との位置関係模式図

▽横軸（南北軸）の起点
・南（下流）の起点0は，川路城のお鷹井戸ライン※
・北端（上流）20は，石座山の大溝ライン
▽縦軸（東西軸）の基点は連吾川
・＋数字は連吾川から西への距離
・−数字は連吾川から東への距離

※お鷹井戸
・連吾橋の西南，川路駐在所のすぐ南。
・川路城の井戸

　この模式図から，まず読み取れることは次の2点である。

第二章　姿を現した戦国の鉄炮玉

> a　連吾川に沿って発見玉の大半が出土しているのは
>   ・そこで鉄炮が数多く使用されたことを表している
>   ・両軍の衝突ラインが主として連吾川であったことを示している
> b　大宮川ラインでの玉出土は，数は少ないが
>   ・前線から離れた，連合軍の後方陣地での玉の動きと読める

つまり，連吾川ラインが，鉄炮の主戦場であったと，玉が語っている。
次に，両軍がそれぞれ鉄炮を準備していたとすると

 c　連吾川左岸の玉は
  ・連合軍から武田軍側に発射された（縦軸の＋側から－側へ）
 d　連吾川右岸の玉は
  ・武田軍から連合軍側に発射された（縦軸の－側から＋側へ）[注1]
 e　左岸6個・右岸3個の数字の差は，出土数が少ないが
  ・武田軍側に，より多く打ち込まれたと読める
 f　連合軍後方陣地での玉の発見⑤～⑦は
  ・鉄炮の準備にかなりの量差（連合軍側が多い）があったと読める

ここで，石座山の⑬～⑰玉の場合，連吾川に向かって直行する位置関係でほぼ直線状に台地の上部で多くが出土している。高台上部奥の出土を考えると，馬防柵の推定位置から見て，上のdの読みはムリになる。

一方，fの関係で見ると，⑬～⑰の出土位置は大溝跡に沿っており，連合軍の移動・補給路筋でのこぼれ玉と読むことができる。

これらから，とりあえず，連吾川筋出土の，左岸6個・右岸3個は発射されたもの，後方地発見の山田玉と石座玉は連合軍側のこぼれ玉と考える。

玉数はわずかであるが，その出土位置は，当時の戦いを語る直接史料である。特に，連吾川との位置関係は，両軍の動きを示す指標となる。

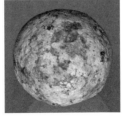 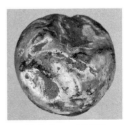

熊谷玉1（左岸）　　　神真島玉（右岸）

(2) 玉から推定した決戦の鉄炮

図2-8は, 横軸（連吾川との位置関係）を図2-7と同じにし, 縦軸に玉径をとった。

図2-8　出土玉長径と連吾川戦線との位置関係模式図

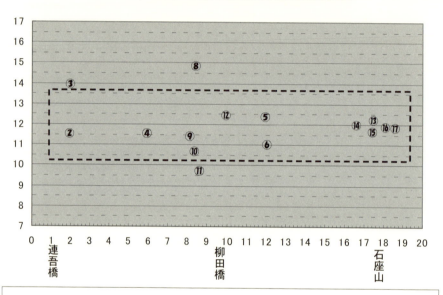

- 銃丸は基本的に球形であるから, 玉の長径はもともとの径に近いと仮定した。（長径を取り上げた理由）
- 短径は外的圧力によるゆがみの現れとみる。（玉の履歴）
  ▽ 縦軸の目盛：玉の長径を表す／目盛の単位は[mm]
  ▽ 横軸の目盛：連吾川との位置関係／目盛の単位は[100m]

図2-7は,「連吾橋から石座山東裾まで2kmにわたる連吾川沿いの各地で玉が出土している」ことを示し, 連吾川ラインが鉄炮の戦いの最前線であることを伝えている。山田玉は西隣の大宮川沿いの出土であり, 古戦場は設楽原全域に広がっているが, 主戦の衝突ラインは連吾川と読める。

図2-8は, ここで出土した玉の大半の径が, 出土位置に関係なく10〜14mmの範囲であることを示している。玉数は多くはないが, 玉径が分かっているのでここからこの戦いでの使用銃を推定してみた。

第二章　姿を現した戦国の鉄炮玉

設楽原出土玉から推定したこの戦いの使用銃

　現在国内の火縄銃で，戦国期もしくはそれに近いとされる古い鉄炮は「天正11」の銘のある龍源院の「喜蔵取りつき銃」等わずかに数点である。これらは口径が20㎜近い銃である。設楽原で発見された玉は，それと比べると小ぶりである。

　銃の口径と玉径の差について，所荘吉氏は「２％としているものが多い」という。その数値を加えて，火縄銃口径早見表※から設楽原出土玉の使用銃を推定した。^{注2}

　※１　『古銃』（吉岡新一著，1965河出書房新社刊）の「火縄銃口径早見表」による。吉岡氏は，有馬成甫氏蔵の『近要抄』によったと記す。

　※２　早見表の「匁」は，尺貫法の単位で3.75ｇの重さを表す。

　○設楽原出土の「10〜14㎜」範囲内にある玉の使用銃を推定すると

　・最小値玉径10.9㎜に玉割数値の0.2㎜を加えると，近い銃口径は10.945の
　　２匁筒と11.790の2.5匁筒であるから，最小は2.5匁筒となる。

　・範囲内最大値の玉径12.6㎜の場合も同様にして3.5匁を得る。

　よって，2.5匁銃≦大半の使用銃≦3.5匁銃

　ここで除外した最大長径の⑧玉（後藤玉）は，長径15.0㎜に玉割数値0.3㎜を加えると15.336の5.5匁筒になる。最小長径玉では２匁筒になる。
　◎これを加えた使用銃は　2.5匁銃≦出土玉銃≦5.5匁銃　の範囲となる。

玉径数値の補正をすると

　ここで，出土玉の長径数値をそのままで使用銃を算出推定したが，実際の出土玉は400年余にわたる経年変化で，表面がかなり腐食している。出土直後に見られる「白い玉を転がすと，白い粉（鉛特有のさび）がつく」というのは，腐食の大きさを示しており，その分出土玉は径が短くなっているので補正しなければ，その玉の実際の使用銃は推定できない。

　補正係数についての根拠となる資料はまだ得られていないので，出土玉表面の腐食や小さな凸凹等から，仮に表面１㎜とすると長径（直径）としては２㎜の補正になる。

167

・これを，⑧玉（後藤玉）に適用すると，該当銃の口径は17.3（15.0＋2.0＋0.3）mm。早見表から17.376の8匁筒になる。

・従って，最大の後藤玉は補正の有無で5.5匁銃〜8匁銃幅となる。

同様に，最小値玉（熊谷玉2）の9.9mmの場合は12.1（9.9＋2.0＋0.2）mmとなり，該当使用銃は12.530の3匁筒になる。

・従って，最小玉使用銃は　2匁銃〜3匁銃幅となる。

以上，◎表面補正1mmの有無と出土玉の大小の違いを勘案して，設楽原での使用銃の範囲を推定すると次のようになる。[注3]

　　　○最小玉の場合で　　　2 匁銃 〜 3 匁銃

　　　○最大玉の場合で　　　5.5 匁銃 〜 8 匁銃

設楽原・長篠城の大半の出土玉径の「11.5 〜 13mm」について使用銃を推定すると，

　　　◎玉径の数値からは　　2.5 匁銃 〜 3.5 匁銃

　　　◎補正数値からは　　　4 匁銃 〜 5.5 匁銃

戦国期鉄炮からの疑問

現存する古い鉄炮として知られる「喜蔵取りつき銃」・関ヶ原合戦使用の「川上銃」・宗堅寺の「信玄砲」は何れも口径が20mm程で，玉が12・13匁あたりの銃である。それに比べて設楽原の出土玉は大半が13mm以下で，数値が一回り小さい。実際，信玄砲付属の玉鋳型で試作した13匁玉とくらべてみると，一目瞭然である。[注4]

「喜蔵取りつき銃」の「喜蔵」の養父「金森長近」は，この戦いに参戦し「金森五郎八」の名で鳶ヶ巣攻めの検使を務めている。それだけに，「この銃は或いは…」と思わせるものがあるが，出土玉はこれらに使われる大きさではない。

鉄炮伝来からまだ30余年，口径の小さな筒は内部の均一性を考えると作りづらかったのではないかと思うのだが，設楽原出土玉には「喜蔵取りつき銃」や「信玄砲」に対応する玉は出ていない。

(3) 玉の変形が語るもの（設楽原の場合）

　出土玉のゆがみや変形がどれほどなのか，材質が鉛であるかどうか等を，玉の径と重さの関係の中で検討した。

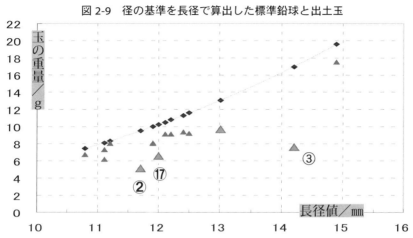

図 2-9　径の基準を長径で算出した標準鉛球と出土玉

◆　純度の高い理論上の鉛球数値／破線は標準球曲線
▲　出土玉の実測数値

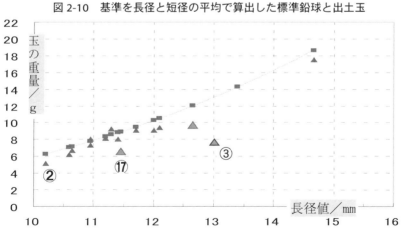

図 2-10　基準を長径と短径の平均で算出した標準鉛球と出土玉

■　純度の高い理論上の鉛球数値／破線は標準球曲線
▲　出土玉の実測数値

169

古戦場から出土した玉は，440余年の経年変化を受け，ある程度変形している。特に，使用された銃丸は，発射された瞬間からさまざまな変形圧力をうけ，何らかのゆがみを持っている。ここでは，当時の標準型を想定し，出土した個々の玉の径と重量の関係を二つのグラフで表し，個々の変形の度合の表示を試みた。

視点1　変形の度合を「重量差」で見る

　ここの2つのグラフに細破線で表示されている曲線は，変形がなく，純度の高い鉛玉の玉径と重量の関係を示している。

標準玉の重量カーブ①

　図2-9は長径を基準にして，変形の度合を「短径との差に起因する重量差」で見ようとするものである。

・出土玉の長径を示す縦線と曲線との交点からの下がり具合が，とりあえず変形の大小である。

・どの玉も多小の変形を示している中で，特に②・③・⑰の3個の差が大きい。

標準玉の重量カーブ②

　図2-10は長径・短径の平均（中間）を基準にしている。つぶされると，本来の径より一方が長くなり他方が短くなると考えると，出土玉にとってより近い値になっているように思われる。その分，グラフに現れた変形の重量値は，径以外の要素の影響も考えることが必要になる。

・事実，ここではほとんどの玉が標準型を示す曲線ラインに極めて近づいており，その点で変形をあまり感じさせない鉛玉が大半であることが分かる。

・③・⑰の2個は，図2-9同様まだ差が大きいが，②の場合は他の多くの玉の一つとして標準型に近く，この標準曲線との関係で見る限りはそれほど大きな変形ではないと読める。

図で重量差を見せた3個の玉

・②玉（本田玉1号）は，長径・短径の数値差「3/11.7」からも拡大写真図からも，かなりの変形のあることは明らかであるが，図2-10では鉛の

170

理論値とのズレは小さい。長径・短径両者の中央値を使用したために，端的に現れていた径のゆがみという変形そのものが消えてしまった感じである。

・③玉（本田玉2号）は，同一径の鉛玉に対し重さが半分以下で，変形を考慮しても鉛玉とは思えない。カラー写真で見れば，鉄錆色で材質は鉄の感じである。形状は一応丸いが，異質な様相がある。

・⑰玉は，長径・短径の数値差「1.1」が格別大きいわけではなく変形も小さく思われるが，拡大写真図からわかるようにかなりの変形である。一部だけが突起して，その周りが欠落しているために，長短径の差としては出てこないのである。この形状のために径の計測がしにくく，計測値の確定に問題が残るが，この玉の場合は重量差という面からのアプローチが変形の把握に役立った。

○同一径玉における重量差は，変形を知らせる視点の一つ
・重量差を見るときの目安として，図2-9の場合，理論値と実測値の差の平均は2.5，特大値を除いた場合2.0を得た。
・長短径の中間による図2-10の傾向を考慮すると，平均の1.5倍値辺りが変形を見る一つの目安のように思われる。[注5]

視点2　鉛カーブから素材の推定[注6]

図2-10では，多くの出土玉が標準玉の重量カーブ上（もしくは非常に近い所）に位置しており，それらの出土玉が鉛玉であることを示している。

・これは，径の変形を示す長径・短径の平均を基準にしているので，同じ材質の場合特異な変形がなければ予想されることである。

・鉛玉については，比重が他の金属（玉材使用の）に比べて大きいので，長径値グラフでは鉛カーブより上に位置することはない。カーブからの下がり方（縦軸上の差）が個々の変形の大きさを示している。

図 2-10 で，標準鉛玉の重量カーブに乗らない（下に離れている）玉，③・⑤・⑰等について鉄カーブとの関係を見たのが次図である。

鉄カーブは歪みのない鉄玉の径に対する重量表現である。

比重は鋳鉄の 7.21 で計算した。これに該当するのが③と⑰。

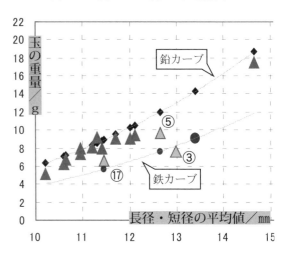

図 2-11　図 2-10 に鉄カーブを挿入

- ③は，比較的変形を大きく感じるいびつな形であるが径の平均値でみると案外重量は鉄の標準球に近い。玉の重量からも，その錆び色からも，鉄カーブが納得できる。
- ⑰は，径平均値でも長径値の場合でも鉄カーブにほぼ一致するが，鉛カーブの場合と異なり長径値鉄カーブとの一致で材質を鉄とみなすわけにはいかない。変形の具合によって，鉄より重い金属の可能性がある。つまり，鉛の場合がありうる。長短径面では読めない変形がありうる。

以上から，比重の大きい鉛の場合は鉛カーブとの近似で「鉛材」と判断できるが，比重が鉛より小さい鉄や銅の場合は難しい。注7

視点 3　　多様な玉の変形

②玉　　　③玉　　　⑥玉　　　⑨玉　　　⑫玉　　　⑰玉

設楽原出土玉で現存する 15 個中，標準球体と比較して視覚的に変形が目立つのは上の 6 個である。

第二章　姿を現した戦国の鉄炮玉

これを，形状から種類分けをすると
- 長短径の差が大きい玉 ………… ②③⑫ ⎫ 鉛カーブで変形が捉え
- 形の歪みが大きい玉 …………… ③⑰ ⎭ やすい。
- 何となく丸いが凸凹が目立つ玉 …⑫ ⎫
- 一部がつぶれ状だが径差小の玉 …⑨ ⎬ ここの⑥⑨⑫に共通し
- 小穴が目立つ玉 ………………… ⑥⑫ ⎭ ているのは，形としての丸みが整っている。

　図2-9，2-10で，出土玉の多くが多少の変形はあっても鉛玉としての様相を保持して400余年の時を経過してきたことが，鉛カーブとの一致という形でみることが出来た。出土当初の全面を覆っていた白い粉状のものが鉛の錆であり，それが玉の腐食の進行を防いできたのであろう。

　その結果，玉は様々な表情をみせてそれぞれの情報を発信しているであろうが，そこに至る経緯や受けた外的圧力について具体的な表現は少ない。

- 不思議なことに，上の6個中5個が連合軍側からの出土である。従って，変形の目立つ玉の大部分が未発射の可能性が高い。一方，武田側に着弾したものと思われる④・⑧・⑨・⑩・⑪の玉についても，⑨を除いて目立った変形は見られない。当然，発射という外的圧力を受けた玉と思われるが，感じさせる変形は⑨のみである。

発射時の変形がなく，着地も発射場所から200m前後の高台の茂みで衝撃も少なかったということであろうか？

- ⑥玉は，連合軍後方陣地での出土3個中の1個で，未発射玉と思われるが，小穴部分の欠損は独特で他の変形とは異なった様相である。何らかの事情で欠損部の鉛が小塊として抜け落ち，両側で同じことが起こったために小穴がつながったのであろう。

　　※連結している小穴部分の割に，重量減は小さい。開口部が大きく見える写真があるが，開口部の長径・短径を見る角度の違いである。

- ⑧玉（右の写真）は，長径・短径の差も小さく表面の損傷も目立つものはなく，視覚的には全く変形を感じ

173

ない。だが，他に比べて標準玉との重量差が2-9図で比較的大きい。

※１　成分比も鉛98％と高く，鉛カーブににもっと近くていいはずだがズレがある。

※２　気づく程の変形はないが，外表面に刻まれた無数の微細な損傷はこの玉の特徴で，重量差の背景である。そこで，この玉の最小重量値の意味で，短径を基準に標準重量を算出すると，重量17.7ｇになり，測定値と殆ど変わらない。

つまり，表面の微細な損傷が標準球との重量差になっている。発射の痕跡か着地時の傷か，あるいは４百余年の風化であろうか。

注１　「両軍が同程度に鉄炮を準備した」との仮定から，ここはまず「武田軍発射玉」とする。

　　　実際どちらの玉かを考えるための資料として，出土状況の詳細や鉛同位体比測定値・玉の成分値を利用しての検討が現在の課題である。

注２　「火縄銃—口径と玉の関係について」（湯浅大司，『設楽原紀要：6号』）参照。

注３　・「古戦場から出土した火縄銃の玉　その２」（『設楽原紀要：16号』）参照

　　　・『検証　長篠合戦』（平山優，吉川弘文館）p.63〜参照

注４　・「喜蔵取りつき銃」，「川上銃」，「信玄砲」等の資料は，『日本最古の火縄銃展』（設楽原歴史資料館，2001）による。

　　　・設楽原出土玉の最大は 15.0mm，長篠城では 19・3mm（半球），大半は 14mm以下。

注５　・設楽原玉 15 個の〔理論値−実測値〕は平均 2.5 である。（特大値を外すと 2.0）

　　　・この 1.5 倍値 3.8 を超えるのは，本田玉１，２で石座玉５号は境目である。

注６　玉の重量と径との関係を，純度の高い理論上の鉛球で算出・表示した曲線を，本稿で便宜的に「鉛カーブ」と呼ぶ。鉄球の場合は「鉄カーブ」となる。

注７　鉛（Pb）より比重の大きなものとしては，Pt21.4・Au19.3・W19.1・U18.7・Ta16.6・Tl11.9 等※があるが，その希少性や有毒性，扱いやすさ，当時存在が知られていたかどうか等から銃丸とされることはないと考えている。（※白金，金，タングステン，ウラン，タンタル，タリウム）

コラム：古戦場の風景
鉄炮①

玉を込めるとき！

"立射チ・一斉，玉込メ！"

この号令で，私は銃に火薬を詰め火縄を装着し，柵際に張り付く。決戦場まつりの演武で，気の引き締まる瞬間だ。火蓋を切り息を止め，次の"放テ！"の合図で引き金を引く。右頬から伝わる衝撃と目の前に上がる硝煙で発砲を確認，体勢を整え，次の合図を待つ。

この僅かな時間に……　頭をよぎるものがある

調子のよい時，火薬・火縄・足場・天気・体調…その全てが順調の時は，自然に演武を意識し，所作に気が向かっている。足場は？　目線は？　腕の高さは？と，慎重に玉込めが進む。だが，風の日・雨の日・体調が優れない日・草履がきつくて痛い日・右目にゴミが入ったのか感じがおかしい時…こんな時は，うまくいかない予感が次々と脳裏を掠める。

「火薬が入らないかも？」「足がつったら！」「いつ目をこする！」「不発になるか？」「いつ，終わるのか？」…

あの日（旧暦の天正3年5月21日）は……　どうだっただろうか？

今の暦では「7月9日」，真夏である。少し背丈ののびた若苗が広がる水田の向こうには，戦う相手の姿が見える。その彼らと，替えのない命を懸けて双方の全面衝突が始まる。私たちの演武とは，全く違う世界を前にして，戦国の打ち手は何を思っていたのだろうか？

・もし，玉が出なかったら！　次が用意できない内に相手が来たら！
・もし，自分がここで倒れたら！

今，私は——

鉄砲隊に所属し，馬防柵で火縄銃を打つ。敵がいるわけではなく，玉を込めることもない。ただ，"一砲一念！"この地に散った戦国兵士たちの鎮魂を祈りつつ，玉を込める！

老平美喜代（長篠・設楽原鉄砲隊）

第27回設楽原決戦場まつり

175

コラム：古戦場の風景
鉄炮②

鉄炮の火薬

火薬の日本への伝来

中国で発明された「黒色火薬」は，日本には平安時代末期に伝えられている。古記録『玉葉』の中に「伊豆の島で…見知らぬ者が船でやってきて，脇から火を噴射し，あたりを焼き払い」とある。蒙古襲来の100年前という。その後，文永11年（1274）に九州に来襲した元軍が震天雷という破裂弾を使用したが，日本ではこれを「てつはう」と呼んだ。

火薬，入手とその製法

黒色火薬は「木炭」「硫黄」「硝石」の3種類を混ぜ合わせたものである。江戸時代以前，木炭と硫黄は国内で用意できたが，「硝石」は輸入に頼らざるをえなかった。当時最大の交易港であった和泉国堺湊を抑えた織田信長は豊富な資金力で鉄炮と火薬の入手に努めた。戦国末期になると，越中国五箇山などで硝石の生産が行われるようになる。

鉄炮での火薬の使用

鉄炮での火薬には二つの役割があり，2種類の火薬を利用する。

① 玉を飛ばすための火薬
② ①に着火させるための火薬

もともと黒色火薬は，0.5mm程度の顆粒状である。①はそのまま利用するが，着火の火薬はこれを細かくすり潰し，パウダー状にした。

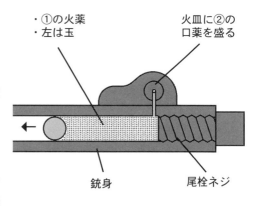

所荘吉氏によると①の火薬は玉の重さの4割，つまり5匁筒（口径15mm）ならば，火薬は2匁（7.5g）必要であるという。あらかじめ計量したものを「早合」に入れ，その早合を「胴乱」と呼ばれる箱に入れ，胴乱は腰に着け携帯する。②の火薬は「口薬」と呼ばれ，「口薬入」に入れて腰にぶら下げておく。

こうした火薬や小道具の工夫は，当時の科学技術の結晶ともいえる。

湯浅大司（設楽原歴史資料館学芸員）

第三章
決戦は"鉄炮を以て散々に"の戦い

鉄炮を以て散々に打立られ引退……
御下知之如く鉄炮にて過半打たれ人数打入候（信長公記）

柵の木三重まであれば城せめの如くにして（甲陽軍鑑）

果てのない
あしたを探すわが軍(いくさ)

1　文献の記す設楽原の鉄炮

「設楽原で，どのように鉄炮が使われたか？」について，代表的文献であり鉄炮についてもていねいな『信長公記』の記述を中心に，「千挺ずつ一斉射撃」で取り上げられる甫庵の『信長記』等から検討する。

(1) 鳶ヶ巣山攻めの鉄炮

左に『信長公記』(実線枠)，右に『信長記』(破線枠)を記す。

『信長公記』

坂井左衛門尉召寄られ，家康公御人数之内，弓鉄炮可然仁を召列，坂井…為大将二千計，並御馬まハり鉄炮五百挺・金森五郎八…為御検使相添られ，都合四千計ニて…鳶巣山へ

五月廿一日，辰刻取上，旗首を上，鯨波を上，数百挺之鉄炮を放懸，責衆を追払…敵陣之小屋小屋焼上候

『信長記』

酒井左衛門尉，信長公の御前に参じ，…と申上げければ，尤なる計略なり…金森五郎八…差添へられ…暁方に鳶巣山へ馳著き

喚き叫んで攻上りければ，寄手物馴れたる兵にて…戸田十郎など関を作り懸け，鑓を打入れ…内外よりも揉合せ…難無く追崩し…勝頼が軍勢度に迷ひけり

　武田軍の背後を突きながら，長篠城救援をねらった織田徳川軍の鳶ヶ巣山奇襲は，武田軍を追い崩し緒戦の成果をあげた。この急襲で，『信長公記』が「数百挺之鉄炮を放懸」と記すが，『信長記』に鉄炮の記述が無い。『松平記』『当代記』にもないが，地元文献の『菅沼家譜』は記している。

- 『松平記』　去夜酒井…鳶巣山へ押寄る。…甲州衆大将を初二千余人…討死也。味方にも松平主殿助を初，能侍三百余人討死し
- 『当代記』　酒井…其外五千余…廿一日未明に城の向鳶の巣…敵の付城へ押懸打破之而城と一手になる。
- 『菅沼家譜』　和田兵衛太夫ハ鉄炮ニ中リ，被疵引退。…案ノ如ク樋田伊原陣場大勢ニケユク。於是，越中弓鉄炮ヲ以テ追掛討取。[注1]

第三章　決戦は“鉄炮を以て散々に”の戦い

(2)　設楽原決戦での鉄炮

『信長公記』

①信長ハ家康公之陣所に高松山…取上られ御敵之働を御覧シ，
②御下知次第可仕之旨仰含られ，
③鉄炮三千挺計，佐々内蔵佐・野々村…為御奉行，近々と足軽懸られ御覧候，前後より攻られ，御敵も人数を出し候

『信長記』

①信長公先陣へ御出あって，家康卿と御覧じ計らはれ
②兼て定め置かれし諸手のぬき鉄炮三千挺に，佐々内蔵助…この五人を差添られ，敵馬を入来らば，際一町までも鉄炮打たすな，間近く引請け，千挺づつ放懸け，一段づつ立替り打たすべし，敵猶強く馬を入来らば，ちっと引退き，敵引かば引付て，打たせよと下知し
③五人の者を引具し柵際より十町計り乗出し給ひて，勝頼が軍中へ大鉄炮を打懸け給ふに…敵勢推太鼓を打って懸り来れば，信長公大鉄炮に構ふべからず，先づ足早に引取れとて

「御下知次第可仕之旨」の中身が，書かれていない。『信長記』では

　・際一町までも鉄炮打たすな
　・間近く引請け
　・千挺づつ放懸け
　・一段づつ立替り

となっている。ここを“千挺・一斉の三段撃ち”で取り上げられるが，記述は「打たすべし」と，事前の命令である。“千挺・一斉の三段撃ちを行なった”と書かれているのではない。

戦いの姿は，それぞれ五項にわたって次のように記されている。

一番　山縣三郎兵衛，推太鼓を打て懸り来候，鉄炮を以て散々ニ打立られ引退

武田が先懸の大将山縣三郎兵衛尉…推来りけるが，家康卿より出し置かれたる三百人の鉄炮足軽渡し合せ，爰を先途と込替へ込替へ放懸けたるに…間近く寄せて打ちける間…三千余騎の者共過半打倒され…引きにける

両書とも，“武田軍が鉄炮で散々に打たれ，引きあげた”という。

『信長記』の「爰を先途と込替へ込替へ放懸けたる」は，「三百人の鉄炮足軽」が次々に打ったと読める。打ち方が個別に順次なのか？　号令で一斉なのか？　は分からないが，数は三百。

179

『信長公記』	『信長記』
二番　正用軒，入替，懸れば退，のけば引付，御下知之如く，鉄炮ニて過半うたれ，人数打入候也	二番に，信玄が舎弟に逍遥軒と云ひし者，音もせず静まり返って推来る，是も家康卿の鉄炮に射立られ引色に成て見けるが，…彼五人下知して，三千挺を入替へ入替へ打たせければ，爰にもなじかはたまるべき，勝頼が旗本指してぞ引きたりける

『信長公記』は，「御下知之如く」を記している。その前の「懸れば退，のけば引付」と次の「鉄炮ニて」が，その内容であろう。ここへ，一番，山縣の場合の「(鉄炮を以て) 散々ニ打立」を加えると，「御下知」の姿が見えてくる。

　『信長記』は，「彼五人下知して，三千挺を入替へ入替へ打たせければ」と記し，三千挺を交代して次々に打ったと読める。三千挺に対して「彼五人下知」であるから，"千挺ずつ・一斉の三段" とは解しにくい。

|三番ニ　西上野小幡一党赤武者にて，入替かかり来候，関東衆馬上之功者にて，是又馬入るべき行ニて，推太鼓を打て懸り来，人数を備候，こなたハ身隠をして，鉄炮にて待請うたせられ候へハ，過半打倒され無人ニ成て引退|三番に，西上野小幡が一党，三千余騎轡を並べて馬上に鑓を持ち，多くは太刀を真甲にかざし一面に進んで懸りけるに，徳川殿の先駈の大将…敵，馬を入れ来るぞ，谷深き所又は溝を前にして鉄炮を伏せ，五間十間まで引付打つべしと，駈回り下知しける処に，案の図に馬を入れ来る，間近く引付射ける程に三百騎計ひしひしと射倒したり，馬の懸引き自在ならずしてついに千騎計に打なされ，まばらに成てぞ引きたりける|

　両書とも，ここで武田軍の「騎馬」にふれている。小幡等上州勢の騎馬を「馬上之功者」と警戒し，「身隠をして，鉄炮にて待請」と新たな下知を記している。

　『信長記』も下知は同内容である。

- 溝を前にして鉄炮を伏せ，五間十間まで引付打つべし
- 間近く引付射ける程に三百騎計……射倒したり

第三章　決戦は"鉄炮を以て散々に"の戦い

　両書の記述に，鉄炮使用面での違いは少ない。『信長公記』が簡明に伝え，『信長記』が関係武士の動きを読み物風に（脚色）書いている違いである。

<table>
<tr><th>『信長公記』</th><th>『信長記』</th></tr>
<tr><td>

四番　典厩一党黒武者にて，懸来候，如此御敵入替候へ共，御人数一首も御出なく，鉄炮計を相加，足軽にてあひしらひ，ねり倒され人数を討せ引退候也

　　※信繁の子左馬助信豊で，父子ともに典厩と称する。

</td><td>

四番に，武田左馬頭，入替り懸り来るに，これも小幡が如く打立て追返しけり，如此荒手を入替入替懸り来れども，味方の勢は終に一備も入替らず，唯弓鉄炮の先勢のみ汗水に成て数千騎をば砕きけれ

</td></tr>
</table>

　ここは，両書の記述は内容的に同一で，『信長記』も饒舌がない。

〔信長公記〕　　　　　　〔信長記〕

・如此御敵入替候へ共　　→　如此荒手を入替入替懸り来れども

・御人数一首も御出なく，→　味方の勢は終に一備も入替らず

・鉄炮計を相加　　　　　→　唯弓鉄炮の先勢のみ汗水に成て

「御人数一首も御出なく」と「鉄炮計を相加」から，この決戦が織田・徳川軍にとって足軽隊を中心とした「鉄炮の戦い」であったという。

<table>
<tr><td>

五番　馬場美濃守，推太鼓ニてかかり来，人数を備，右同前ニ勢衆打たせ引退也

</td><td>

五番に，馬場美濃守，いかにも太鼓を推静め打って懸り来たるその景色，敵強くとも一足も引退かず，一時に勝負を決せんと思ひ入り…鉄炮奉行の面々今度は惣鉄炮を一度に放かけ，扨家康卿の備より関を作りかけ，鑓を打入れ懸かるべし。二番には…先駈の兵ども，うきやかに成てひしめきけり，敵間近く寄せ来るとひとしく，三千余挺の鉄炮を一度に放立てしに，先に進んだる鋭卒共，将棋倒しをする如く五六百騎はらはらと射倒されければ…

</td></tr>
</table>

　馬場の項では，『信長記』に鉄炮の記述が二箇所あり，使用の形はいずれも「一度に放（立て）」である。

①鉄炮奉行の面々今度は，惣鉄炮を一度に放かけ

②（二番には）敵間近く寄せ来るとひとしく，三千余挺の鉄炮を一度に放

立て

　この①②の「一度に放立」を，どちらもそれぞれの衝突場面での一斉と読むと，打ち方としては案外実際の姿のように感じられるが，場面の記述は説明というより物語である。『信長公記』に鉄炮の言葉はないが，「右同前」と，鉄炮の使用を記している。

　一番から四番までと比べて，この五番は『信長記』の記述がかなり違ったものになっている。ここまでは，物語風という違いがあっても，筋としては『信長公記』の流れに沿っている。ところが，「馬場」の場合は『信長公記』の筋が消えて別の内容が雑多に入り込んでいる。ここでの『信長記』の記述には，一人の目では把握し難い多様な事柄が書かれており，その内容も伝承を超えた不確かさを感じるものが多い。この関連と思われることで，地元野田城の菅沼氏の記録に，小瀬甫庵が資料を求めて来訪したというのがある。『信長記』の具体的に見える細かな（饒舌な）表記は，こうして得られた情報を加えて生まれたのであろうか。[注2]

成立が『信長公記』に近い『松平記』と『当代記』の鉄炮記述

『松平記』	『当代記』
・（大久保忠佐）よき鉄炮の者我等に相添給へと ・家康…諸手の中より勝れたる兵をぬきぬき皆歩兵とし，鉄炮の上手を選び，大久保（治右衛門）に付 ・鉄炮を以て敵の先陣を打崩し ・味方より鉄炮をしげく打懸られ，広瀬・三科手を負引 ・甲州衆…打まけ本陣へ退く	・素両将の陣所の前にさくをふり，向の原へ鉄炮の者数千丁指遣，敵の備へ打入の間毎度中之。敵手負不知数之間引退。

『松平記』は，

- 家康配下の大久保隊の鉄炮編成
- 鉄炮使用「しげく打懸」
- 使用結果「甲州衆…打まけ」

の３点が記され，『当代記』は，

- 向の原へ鉄炮の者数千丁指遣，敵の備へ打入の間毎度中之
- 敵手負不知数之間引退，加様にする事及度々

の２点で，『信長公記』に比べ記述は大まかである。筆者はこの戦いに参加

第三章　決戦は"鉄炮を以て散々に"の戦い

していないであろうが，関係者からの伝聞が聞ける時代の成立で，簡略な分だけ脚色もなく当時の理解が出ているように思われる。

(3) 鉄炮の下知から使用へ

『信長公記』は，「御下知次第可仕之旨」と「下知」の文字を記すが，その中身を記していない。鉄炮使用の記述から，そのいくつかが読み取れる。

```
・懸れば退，のけば引付（二番）
・身隠をして，鉄炮にて待請（三番）
・御人数一首も御出なく（四番）
・足軽にてあひしらひ（四番）
・鉄炮を以て散々ニ打立られ（一番）
・鉄炮計を相加（四番）
・（鉄炮で打れ）引退（一番）（五番）
・（鉄炮にて）過半打れ（二番）（三番）
```

下知の中身
　○相手を引付け
　　・身隠し　　・待請け
　○鉄炮で
　　・足軽にて（対応）
鉄炮の動き
　・鉄炮で散々に打立
　・鉄炮計を相加

上の下知の中身である「引付，待請」は，馬防柵の設置による待ちの態勢からの鉄炮の使用としてとりあえずの見当がつく。だが，そこから「どのように鉄炮を使ったか？」については，「鉄炮で散々ニ」「鉄炮計を相加」とあるが，実際どのように打てばそうなるのか分からない。火薬への着火に火縄を使う当時の鉄炮では，「散々に」という現在の私たちのイメージの実現は簡単ではない。これを，同系統の『信長記』の記述でみると

```
『信長記』
・間近く寄せて，（一番）（三番）
・五間十間まで引付（三番）
・溝を前にして鉄炮を伏せ（三番）
・味方の勢は終に一備も入替らず（四番）
・唯弓鉄炮の先勢のみ（四番）
・鉄炮足軽渡し合せ（一番）
・込替へ込替へ放懸け（一番）（二番）
・惣鉄炮を一度に放かけ（五番）
・過半打倒され（一番）（二番）（三番）
```

鉄炮を有効に使うために
　・溝を前にして鉄炮を伏せ
　・相手を近くまで引付け
鉄炮の使い方（打ち方）
　・唯弓鉄炮の先勢のみ
　・込替へ込替へ放懸け
　・惣鉄炮を一度に放かけ
期待する鉄炮使用の結果
　・過半打倒され
　・相手の引退

「散々ニ打立」の中身

183

上左の記述は上右表のように整理できる。ここから，打ち方としては

①「込替へ込替へ放懸け」だから→「次々に，隙間なく打つ」

②「惣鉄炮を一度に」だから→「ある程度まとめて一斉に打つ」

ということになる。ここに，鉄炮使用の一つの想定が考えられる。[注3]

『信長記』の「引付」

『信長公記』は「引付・待請」を二度，『信長記』は五度記し，その続きの動きとして「打つ」を書いている。[注4]

①（相手を）引付て　→　②打つ

この手順で，下知の「千挺づつ放懸け，一段づつ立替り打たすべし」をみると，まず手順①で「（相手を）引付」た上で鉄炮使用になる。「引付」なければ，鉄炮使用にはならない。つまり，両軍が相対峙する最前線で「一段づつ立替り」の一段を千挺の鉄炮とすると，それに対応する千人の相手がこちらに出てこなければ，鉄炮は打てないことになる。実際場面として，千挺の鉄炮にあたる部分の相手（武田軍）が一斉にでてくる状況は普通では考えられない。

衝突は集団の動きであるから一斉に広い範囲でそれぞれの異なる動きとして同時的に想定できるが，「引付・待請」は対する相手に同じ動きをこちらがするわけで「一斉に広い範囲」は基本的に不可能であり想定外のことである。もともと「引付」というのは，各前線の地形ごとの相手の動き方で決まる。「引付・待請」は，限定された場所でしか成立しない行為である。

その限定された場所において，手順②の「打つ」が可能になる。

ということは，『信長記』の筆者が，「引付」という行為を鉄炮使用の前提として記していることは，「一段」を「（一続きの）千挺の鉄炮とは考えていない」と読まなければ成り立たない。ここは，「一段」を「（合計の）千挺の鉄炮」ととれば，「一段づつ立替り打たす」は千丁毎ではなく個々の場面でのことで，ごく実際的なことになる。

「引付・待請」は"打つ"間合い，タイミングを決める最重要観点である。

第三章　決戦は"鉄炮を以て散々に"の戦い

『信長公記』の「散々ニ打立」

『信長公記』の記す鉄砲の「使用形態」は、「一番　山縣」の中の「鉄炮を以て散々ニ打立」だけである。

これにあたる記述を、『信長記』『当代記』『松平記』『三河物語』『甲陽軍鑑』でみる。

- ・『信長記』………… ①　込替へ込替へ放懸け
  - ②　惣鉄炮を一度に放かけ
  - ③　三千余挺を一度に放立て
- ・『当代記』………… ④　敵の備打入の間、毎度中之
- ・『松平記』………… ⑤　鉄炮を以て先陣を打崩し
  - ⑥　鉄炮をしげく打懸られ
  - ⑦　打まけ…退く
- ・『三河物語』……… ⑧　雨之あしのごとく成てつほうにあたりて
- ・『甲陽軍鑑』……… ⑨　（柵の木三重まであれば、城せめのごとくにして大将ども）尽鉄炮にあたり死する〔品14〕

等である。ここで、⑦⑨は「どのように打つか？」を述べていないのでこれをはずすと、下のように二つの内容に分かれる。

▽連続して打つ	▼一斉に打つ
A1　込替へ込替へ放懸け（信） A2　味方より鉄炮をしげく打懸られ 　　　（松） A3　雨之あしのごとく成てつほうに 　　　あたりて（三）	B1　惣鉄炮を一度に放かけ（信） B2　三千余挺を一度に放立て 　　　（信）

この「一斉に」をそれぞれの場面での50挺とか90挺のこととととると、実際に可能であり轟音の効果もあって相手にとっては十分「散々」ということになるであろう。これを「連続しての一斉」とすると、かなりの時間間隔が必要となり、A表現はなじまない。⑤の「先陣を打崩し」は、「一斉に」の

185

当初の動きを指しているように思われる。

元来,「連続して」の動きは,「一斉に」に対する「個々の」動きとして達成しやすい。「一斉の場合の時間差」と「個々の場合の時間差」では当然個々の場合の方が発射音が「連続」する。“込替へ込替へ放懸け”“鉄炮をしげく打懸”“雨之あしのごとく”は,何れも個々の連続の感じである。

⑦⑨は結果である。

以上を勘案すると,『信長公記』の「鉄炮を以て散々ニ打立」は

・各場面における「まとまった数の鉄炮」の一斉（集団）打ち

・各場面における「まとまった数の鉄炮」の個別連続打ち

の二つの場面が考えられ，両者を織り交ぜて使用した状況の表現とみる。

これを，実際場面に近い形で検証しようとしたのが，次の項である。

注１　・和田兵衛太夫（業繁）　上野衆（現高崎市和田，和田城主）で，君ヶ伏床砦の守備隊長。

・樋田伊原陣場　鳶ヶ巣奇襲隊の別働隊として豊川渡河後に設楽越中守が布陣した場所。現在「樋田」「陣場」の地名はあるが,「伊原」はない。『文斎遺稿』では「樋田伊沢」とある。

・越中　設楽越中守貞通のことで，川路城主。設楽原一帯を地盤にした土豪。設楽氏の家康への帰属は，東三河で一番早い。

注２　①『新城加藤家文書：菅沼記』にいう。

「ほどへて小瀬甫安と云もの信長記をあみ立ルトテ大名小名を廻て金銀･･･其節織部方江も来て武辺承ハらんと云りとも，商物にあらずとて書付不出，依之信長記等ニ闕たり」。是非は別にして，甫庵の『信長記』作成のための熱意と努力を感じる。

②討捕頸を,『信長公記』は 19,『信長記』24,『總見記』18,『長篠日記』31 とそれぞれの数字で記している。これらは，それぞれの筆者の情報収集の結果であろう。

注３　本項に続く「連続打ち・一斉打ちの想定と検証」は，ここの「鉄炮を以て散々ニ」の想定の検証である。

・「込替へ込替へ」が時間のすき間を補い→順次交代による連続打ちへ

・「惣鉄炮を一度に」が空間のすき間を補い→多数をまとめた一斉打ちへ

注４　・『信長公記』の記述は,「二番　正用軒…のけば引付」と「三番 西上野…鉄炮に

第三章　決戦は"鉄砲を以て散々に"の戦い

て待請うたせ」の2箇所，「待請」としては1箇所。
・『信長記』の記述は，下知の「際一町までも鉄砲打たすな，間近く引請け」と「山縣…間近く寄せて」，「三番に，西上野…引付打べし」「間近く引付射ける」「五番に…敵間近く寄せ来」の5箇所。
　文字表現は違うが，「引付・待請」の内容として両書の違いは少ない。

文献の記さない設楽原

■「この石を跨いではいかん！　石に謝りなさい」

中村家の畑

　屋敷横の畑の真ん中に，ぽつんと野面石があった。子供の頃，冬場に麦踏みを手伝っていると，祖母からよく言われた言葉である。当時，わけを知りたくて聞いて見たが，確かな返事はもらえなかった。竹広の峯田家の話である。

　よく似た伝承が，富永にもある。中屋敷の中村正さんの裏の畑である。こҪも，50㎝四方程の葉の広がりをみせる丈の低い茶の木が1本，畑の中央にある。中村家でもそこは特別な場所で，お水を欠かさないという。

　甲田(かぶとだ)伝説の場所に近い浅谷字野添の「ヤリバタ」も，同じ野添の熊谷昇吾さんが「鑓畑」と記す文斎遺稿を見つけている。

□甲州と設楽原の交流

　交流の原点は何と言っても，信玄塚の盆供養「火おんどり」の4百余年である。時代を超えて，絶やすことのなかった鎮魂の火「祀り」である。

　設楽原から毎年甲州市の勝頼公まつり

大正期の信玄塚の大松

などに参加し，甲州からも多くの方々がこの地を訪ね，戦国の恩讐を現代の絆にかえている。中でも，平成9年以来，毎年信玄塚に来訪されている「韮崎武田の里の会」山本友雄氏（93歳）に，心からの敬意を表したい。

コラム：古戦場の風景
鉄炮③

鉄炮の不発

　鉄炮は時に不発を起こす。原因は様々だが，その対処を誤ると事故につながる。時に，天候や銃のクセ，打ち手の経験不足等で起きる。

なぜ不発が起きるか

使用時の天候に影響を受ける

　火縄や火皿（ひざら）が雨に濡れていたり，火縄にススが付いた状態では不発になりやすい。火縄の先端は燃えて尖った形状が望ましい。硝酸カリウムで煮た火縄（燃焼力を上げる）を使用しても雨の時の効果はない。大事なのは火縄や火皿を濡らさないことで，たとえば兜から火皿に落ちる水滴に注意をするなどが重要になる。

鉄炮のクセ（特徴）が関係する

　長年の使用で火挟の曲がりが変わって火挟の落ちる位置がずれたり，銃によっては火道（火皿の穴）が細く，口薬が入りにくい等の場合がある。こうした鉄炮のクセをよく理解して取り扱うことが重要である。

長篠・設楽原鉄砲隊

不発への対処

　第一にあわてない。対処としては，先ず「遅発」を考え，銃を構えたまま「三つ」数えてから火縄をはずす。ゆっくり銃を下ろして腰の位置で構え，外した火縄を左手に持ち替える。火挟を上げて火皿を確認する。不発の原因は？…火蓋を閉じる。

　銃の中に詰まった火薬の取り出し方・処理は，二通りになる。

　①不発の原因が分かり，再度の着火が可能であれば指揮者の指示で，口薬を火皿に盛り発砲する。
　②それ以外は，場所を改め，尾栓（びせん）を外し詰まった火薬を取り出すか，熱湯の洗い流しで対処する。

　不発対処の一連の操作は，慎重かつ速やかに行う。普段の訓練が重要。

宮部直司（長篠・設楽原鉄砲隊）

2 "鉄炮を以て散々に"の検証

　主戦場となった連吾川沿いは、当時すでにかなり水田が開かれていたことがわかっている。決戦の行われた旧暦5月21日は、稲にとって水が一番必要な時期で、どの田にも水が一杯張られていたはずである。満水状態の水田を経ての相手への侵入や攻撃は不可能である。

　従って、水田を避けての攻撃であり防御になる。現在の7割程度の水田が開かれていたから、鉄炮隊の配置「2キロ一様」はありえない。相手の攻撃が予想される水田の切れ目への、重点的配置となる。

(1) 連吾川と鉄炮使用

　鉄炮（火縄銃）使用は、その構造・性能から次のような制約がある。
　　①玉込めに時間を要する分、とっさの対応ができない。
　　　→その分、相手との距離と操作する場所の確保が前提
　　②有効な射撃には至近距離が必要だが、打ち手の恐怖感と隣合せである。
　　　→小川や柵で待受けて使用することで、相手との間隔を保つ必要
　　③射程距離が長いので、鉄炮の先に味方は入りにくい。
　　　→自軍側から相手側へという一方向使用が基本

写真 3-1　改修された連吾川と竹広付近

　連合軍の連吾川ラインへの布陣は、この制約に見事に適合している。

　連吾川右岸への「馬防柵」建設は、織田・徳川軍が防御の態勢で決戦を迎えるという意思表示であるが、同時に、この2キロにわたる柵の設置は連合軍にとって「鉄炮使用の必要条件」を整えたことになる。

　問題は、武田軍が馬防柵設置の連吾川ラインに突入してはじめて双方の衝突が起こり、「鉄炮がその威力を発揮すること」である。武田軍が突入せず両軍対峙の形が長引けば鉄炮の使用とその力の発揮はごく限られる。

この第二の条件設定が，連合軍の決戦日早朝の「鳶ヶ巣急襲作戦」と思われる。この奇襲は，長篠城救援が表向きの目的であろうが，この急襲による武田軍各砦の敗走は，武田軍にとっては予想外であり連合軍にとっては予期した成果をあげた。突然，背後を脅かされることになった武田軍は，柵と鉄炮で待ち構える連吾川ラインに突入する事態に追い込まれた。

この「鳶ヶ巣奇襲が効いて決戦に突入した」と，一部の文献が記している。

『当代記』 ・廿一日未明に，城の向鴎の巣久間両地・敵の付城へ押懸打破之…敵見之無理に信長・家康の陣所へ押しかかるべき体にて寄来処に…（柵をふり…鉄炮）…敵の備へ打入の間，毎度中之

『大須賀記』
注1 ・廿一日ノ朝，敵ノ付城鳶ヶ巣ト申処乗取申候処ニ，又敵ヨリ乗戻シ申候，又 左衛門尉乗取申候ニ付，勝頼惣人数ヲ払，追手へ懸リ申候，信長公ノ御人数皆柵ノ内ニ引籠…

鉄炮の配置 「鉄炮を以て散々ニ打立」は，設楽原の決戦を記す江戸期文献の鉄炮記述の共通項であるが，それを可能にする鉄炮隊がどのように配置されたかを記すものはない。

・目的からは「全前線への均一的配置」が想定されるが，連吾川沿いの当時の水田状況の推定からは要所要所への重点的配置と考える。注2
・馬防柵との位置関係では，打ち手の位置は［柵前・柵の内側・柵の後方］の何れかである。『信長公記』の「身隠をして鉄炮にて待請」は［柵の内側］と読める。史料の多くが柵の設置位置を「陣の前」としているので，鉄炮の打ち手は柵の内側になる。

　　　『松平記』『当代記』………「陣の前（面）に柵をふり」
　　　『甲陽軍鑑』『三河物語』…「柵を…ふりて待かまへてゐる所へ」

(2) "鉄炮を以て散々に"の想定と検証

設楽原をまもる会では，この10年，『信長公記』の「鉄炮を以て散々ニ打立」の「散々ニ」の3文字にこだわってきた。鉄炮をどのように使用したのか，どのような場面で「散々ニ」の状況になったのか？

第三章　決戦は“鉄炮を以て散々に”の戦い

　ここは，その解釈の一手立てとして試みてきた打ち方の報告である。

ア　「散々ニ」の想定

　文献の記す「散々ニ打立」の字句からは，かなりの迫力・威力を感じるが，一挺の鉄炮の装填から発射までの所要時間は20秒で早い方だという。この間隔では，ある程度まとまった数の鉄炮がなければ「散々ニ」という感じは生まれようがない。

　「鉄炮を以て散々ニ打立られ」というのだから

　　　・時間面で……すき間なく→連続的に，次々に

　　　・空間面で……すきまなく→全面的に，一斉に

の2面がある。この手立ては，交代式とか多人数による同時一斉発射等が考えられるが，とりあえず四つの打ち方を想定し，記録をとってきた。[注3]

想定1　「個々の連続的発射」（多人数の打ち手が［横一段］で個別打ち）

・配置　　鉄炮の打ち手全員が，横一列に並ぶ（2m間隔）
・打ち方　最初の1発は全員の同時発射。2発目以降，各打ち手が連続して発
　　　　　射する。

　※1　玉込めの所要時間を平均21秒とした場合

　　　・間隔2mで射手21名とすると，40m幅に立つ21人が1発発射（同時）に21秒。つまり21秒に21発だから，1秒に1発。（計算上）

　　　・間隔を1mとすれば1秒に1発は変わらないが，20m幅の「1秒に1発」で，相手への威圧感は倍増する。危険度も増す。

　※2　射手を半分の10人程にした場合は，玉込めの平均所要時間を同じとすると21秒で10発，2秒間に1発である。（計算上）

　※3　平成23，24年度は，この形の演武で記録をとったが2m間隔では「鉄炮を以て散々ニ」に程遠い感じであった。狭い場所に多くの射手が入れば玉数は増えるが，限度がある。

191

想定 2　組毎，打ち手移動の連続的発射（打ち手 3 人組の順打ち）

- 配置　　各組最初の打ち手が横一列（2 m 間隔程度）に並び，その後方に二列目・三列目が準備して待機。
- 打ち方　一列目が打つと最後尾に後退し，次に 2 列目が前に移動して打ち下がる。続いて 3 列目が打つ…（連続的に）

　※ 1　初発は号令，以下は準備ができ次第順次に発射。（想定 2，3）

　※ 2　この想定で演武を行い記録をとった。（平成 19 ～ 21 年）

想定 3　組毎，打ち手固定連続的発射（4 人組，3 人が 3 挺の玉込め）

- 配置　　打ち手が前面，後ろに分業玉込め役 3 人が半円形に配置。
- 打ち方　打ち手は後方の玉込め役から銃を受け，発射したらその銃を返す。続いて次の玉込役から銃を受け，発射へ。

　※この想定で演武を行い，記録をとった。（平成 21 年）

想定 4　組毎，一斉の連続的発射（多人数の打ち手が［横一段］で一斉に）

- 配置　　・組毎に，打ち手全員が横一列に並ぶ（2 m 間隔）。
　　　　　・組数は 2 ～ 3 で，地形の高低差等を利用して配置
- 打ち方　発射はすべて号令で，最初の組全員が同時発射。2 発目は，次の組の一斉発射。号令でこの繰り返し。

　※この想定で演武を行い，記録をとった。（平成 27 ～ 28 年）

イ　想定の検証 1：個別連続打ち[注4]

　検証のための鉄炮演武と記録は，平成 19 年から多くの関係者の全面的協力で進められているものである。

　①演武の機会　・毎年 7 月第一日曜日に行われる「設楽原決戦場まつり」
　　　　　　　　　（主催：設楽原をまもる会）の火縄銃演武から記録

　　　　　　　　・演武者「長篠・設楽原鉄砲隊」「愛知県古銃研究会」

　②使用火縄銃　・使用銃が隊員の個人用で，銃の長さ・重さによる扱いやすさの違いがあるが，この影響は考慮していない。

　　　　　　　　・サイズ　　全長：83 ～ 137cm，口径：10 ～ 23mm

　　　　　　　　　　　　　　重量：2.1 ～ 7.6kg[注5]

第三章　決戦は“鉄炮を以て散々に”の戦い

③記録撮り　・ビデオによる演武の連続撮影（画像は1秒30コマ）

　　　　　　・発射時間の計測は，発射音と銃口から出る小火炎（白煙）
　　　　　　　画像のコマ数読み取りで行なう。

　　　　　　・担当　織田昌彦・設楽原をまもる会

④記録の整理　　織田昌彦・小林芳春

データ1　想定2の発射間隔（平19）

　次の表は，3人一組の3隊が1人5発を順次交代（移動）して発射した15発の発射間隔をまとめたものである。この場合，各打ち手は最初の玉込めを予め済ませて置くが，発射を号令で行うのは第1射手だけで第2・第3射手は続けて順次に打つ。

① 移動の時間

・右表一段目の0秒は予め玉込めを済ませているため。

・2弾目，3弾目も玉込め済みであるから，この時間は「移動・構え」の所要時間を表す。2弾目の11.4～15.3はその位かと理解するが，3弾目の28.2や23.0は他に比して大きい。

② 数字のバラツキは個人差

・第1隊と第3隊の第3射手の発射間隔は平均して大きい。対して，第1隊第1射手はコンスタントに6秒台で短い。この数字の差はとりあえず個人差と読める。

図3-1：H 19.7.8　発射間隔表

発射弾数	インターバル（秒）		
	第1隊	第2隊	第3隊
1	0.0	0.0	0.0
2	15.3	11.9	11.4
3	28.2	9.4	23.0
4	6.5	11.0	4.3
5	9.0	11.2	10.4
6	12.3	14.0	21.4
7	6.1	27.7	9.2
8	11.7	10.7	3.5
9	22.4	20.8	23.4
10	6.7	9.6	13.1
11	10.4	17.1	15.3
12	20.4	13.5	14.1
13	6.9	3.4	5.5
14	10.0	29.0	22.8
15	25.4	16.8	31.3
平均	13.7	14.7	14.9
標準偏差	7.21	6.84	8.07

・4弾目以降はこのインターバルで玉込めが行われるわけだが，順次発射であるから直前射手のインターバルも使用できる。そのために，直前射手のインターバルの長短で次の射手の数字は大きく変わり，一概に個人差とは言えない。

193

③　発射間隔の大小は，偶発的事情と射手の個人傾向による両面
- 不発など偶発的事情が起これば，グラフの形は乱れ個人傾向は極端に見えにくくなる。ここの第２隊の波形は，７発目の発射で何か異常が起きている。第３隊の15弾目の数値も異常である。
- 発射間隔のグラフ波形から，間隔の大小が個人的な傾向「早い・遅い」によるように見える所が多いが，内容はさまざまである。

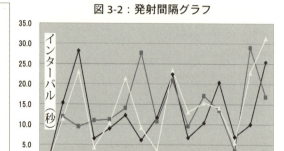

◎発射間隔の大小
- ここの記録では，最小が6.6秒平均，最大は20.1秒平均で，間隔の比は１：３である。
- 使用銃の長さ，口径，重量の違いも大きく関係している。

図 3-2：発射間隔グラフ

グラフの線種　　◆：第１隊　　■：第２隊　　△：第３隊

※この時の最大銃は口径19mmで重量６kg，最小銃は口径15mmで重量３kg。打ち手の経験年数の違いは７年と25年。

データ２　　想定２の発射間隔（平20）

ここは，前年のデータを再確認する意味で，ほぼ同じ形で想定２による打ち手移動の順次交代発射を行った。

- 組編成と玉数………３人編成の４組12射手，一人５発
- 玉込め………………初発の玉は全員が予め玉込めして，合図を待つ
- 発射の合図…………最初の打ち手は号令で，以下は順次連続して発射

ほとんど同じ形状・同じ内容の演武であったので，データ数値の向上を期待した。次はその結果である。

第三章　決戦は"鉄炮を以て散々に"の戦い

① インターバルの平均値

・前年の組別平均は

13.7，14.7，14.9

この年の平均は

14.5，14.3，14.2，13.6

で，殆ど変わらない。

② 移動の時間

・最初の３弾目までの対前年比較の減少傾向からは，安定した数値への収斂を感じる。

1弾目　　12.9 → 8.3

2弾目　　20.2 → 11.3

図 3-3：H 20.7.8　発射間隔表

発射弾数	インターバル（秒）			
	第1隊	第2隊	第3隊	第4隊
1	―	―	―	―
2	8.0	8.4	8.3	8.4
3	12.3	9.3	8.4	15.3
4	30.4	16.8	23.6	12.9
5	8.4	13.0	7.0	9.9
6	10.3	14.0	12.2	10.5
7	24.9	11.0	20.3	19.1
8	8.1	16.7	9.7	12.6
9	9.0	14.5	12.7	8.2
10	26.8	12.7	23.4	14.7
11	7.5	19.2	6.0	17.0
12	10.3	11.9	15.9	6.4
13	29.8	12.7	22.3	15.0
14	8.2	23.9	7.4	20.5
15	9.2	15.5	21.2	19.3
平　均	14.5	14.3	14.2	13.6

・ここは玉込め済みであるから，この間隔は移動と構えの時間である。この19，20年値からは，「移動と構え」は8秒程度と読める。

③ 大間隔（所要時間が大）の出現率

・20秒以上の回数　19年…12（42）回で29％，20年…11（56）回で20％

・大間隔の出現率が20年値はかなり減少しているが，平均値の目立つ向上は見えないので玉込め時間のばらつきは変わっていない。

> **データ3**　想定2・3の発射間隔（平21）

・打ち手移動の想定２（３組９射手で一人５発）と打ち手固定の想定３（４人編成の分業式１組，１射手で，６発）の比較

ここでは，個々の動きに対し隊（３人一組等の）としての動きを見るために，インターバルの累積である初発からの経過時間をまとめグラフ化した。

鉄砲隊は，操作の早さの比較と共に隊としての動きの正確さに留意して演武にあたった。

打ち手固定の分業方式は，名和弓雄氏の「分業三人組弾丸込め法」を参考に，鉄砲隊がアレンジした。[注6]

図 3-4：H 21.7.5　発射時間表

| 発射弾数 | インターバル（秒） ||||
	第1隊	第2隊	第3隊	分業隊
1	—	—	—	—
2	15.3	13.3	22.6	9.9
3	26.4	26.4	31.0	24.3
4	44.8	44.4	44.4	39.9
5	63.5	87.5	59.2	62.1
6	76.8	100.7	74.8	81.2
7	93.8	112.3	92.3	
8	108.5	125.6	104.0	
9	123.5	147.5	121.2	
10	142.2	177.9	137.3	
11	156.6	188.4	149.2	
12	178.9	201.6	164.1	
13	193.0	213.1	182.8	
14	208.3	227.8	204.5	
15	229.3	244.5	214.1	
平均（間隔）	16.4	17.5	15.3	16.2

打ち手固定の分業手順
・玉（薬）込め役3人の作業操作
① （左横）早合を使って銃口から火薬（玉）をつめる。
　・銃身を立てる
　・カルカを抜き取る
② （真後ろ）火皿に口薬を盛り，火蓋を閉じる。
　・銃身を水平にして
　・火バサミを引上げる
③ （右横）点火した火縄を火バサミに取り付ける
　・射手は，
④火蓋を切り，発射する。

想定2（打ち手移動）と想定3（打ち手固定）の比較

・右のグラフで，打ち手移動3隊の動きと打ち手固定（分業式）の動きに時間差はない。発射間隔の平均でみても，両者の違いは小さい。
・名和氏は，「この分業式なら，慣れれば5秒で発射可能」という。

写真 3-2：打ち手固定の発射 注7

図 3-5：H 19.7.8　発射間隔グラフ

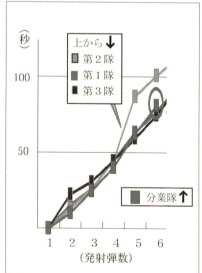

196

第三章　決戦は"鉄炮を以て散々に"の戦い

・この分業手順①〜④の鉄炮操作には，常に「相手に銃を手渡す」と「銃の保持姿勢をとる」の二つが加わる。これらを加味すると，分業４人全員で『鉄炮の受渡し』が８工程増加する。

これを，個別に一人で行う場合には，保持姿勢の転換はあっても受け渡しの動きは生じない。代わりに，発射場所への移動が，毎発射時に起こる。ここに「どちらが無理がないか」，「時間ロスが少ないか」，「安全確保は」等の問題がある。

・この時点のデータからは両者の所要時間に差はないといえる。

時間面の差はないが，打ち手移動組は３人で，打ち手固定は４人で一組を編成しているから，編成面の人数差がある。

打ち手移動の記録，３年目

右表は個別連続撃ち（組内）の「発射間隔平均」３年間の記録である。

・発射間隔の平均

14.4→14.2→16.4

ほぼ同一メンバーによる活動であり，事柄への理解・慣れを考えたとき，数値は多少とも向上と予想したが，３年目の数値は逆に増大した。（単位：秒）

図3-6　３年間の連続打ち記録

調査年グループ	発射間隔平均	発射間隔11秒未満	発射間隔20秒以上
19.7		（全14）	
第１隊	13.7秒	7回	4回
第２隊	14.7秒	5回	3回
第３隊	14.9秒	5回	5回
20.7		（全14）	
第１隊	14.5秒	9回	4回
第２隊	14.3秒	3回	1回
第３隊	14.2秒	6回	4回
第４隊	13.6秒	5回	1回
21・7		（全14）	
第１隊	16.4秒	0回	2回
第２隊	17.5秒	1回	3回
第３隊	15.3秒	2回	1回
21.7 分業	16.2秒		

・小間隔・大間隔の各比率の減少

小間隔比率は「40→41→7（％）」に，大間隔比率は「29→18→14（％）」に，それぞれ減少した。間隔平均が増加した分，ゆれ幅が減少したのか，３年目の慣れが平均化に向かったのか分からない。

・打ち方の見直し

　3年目の検証に当たり，鉄砲隊は打ち方の見直しを行った。時間短縮に行き過ぎ，「〔実際には〕玉を装てんする」という玉込め操作の前提が消えかねないという危惧からの見直しであったという。その点，全般に「意識した操作」が間隔を若干増加させ，一方，間隔の個人差を減らしたようにも思われる。

3年間のデータから　「鉄炮を以て散々ニ」の解釈

　想定1～3の鉄炮使用は，何れも「時間面での隙間なく」の対応を目指したもので，特定の条件下での「鉄炮の連続的使用」である。この3年間のデータが示す想定2・3の発射間隔から読めることを挙げる。

写真 3-3　打ち手移動の発射　注8

a　発射間隔は，平均で 14 ～ 15 秒台

　①・発射間隔の最小は3.4秒，最大43.1秒。多くは14～15秒台。条件がよければ13秒台，少し慎重にと意識すれば16秒台を越える。

　　・3年間の隊（チーム）平均は14秒台前後である。

　②・ここでの発射間隔は組としての間隔であって，個人としての間隔は3射手の順打ちであるから前々射手と前射手の間隔に自分の発射時の間隔の3者を合計したものになる。従って，最短平均の13秒台の場合でも個人の実質間隔は大きくなる。今回データでの個人最小間隔は19年度第1隊での27.4秒（7弾目）である。もう1回27秒台があるが，他はすべて33秒以上であった。

　　・これらの数値には，その打ち手の前回発射の「下がる時間」と次の「前に出る時間」が2回含まれている。その移動時間を差し引いた数値が，その打ち手のその時の玉込め時間に近いはずである。

b　発射間隔から移動時間を … 順調なら 6 ～ 8 秒台。

　①・各射手（隊3人）の初発玉は何れも玉込めを予め済ませてから連続演

第三章　決戦は"鉄炮を以て散々に"の戦い

武に入っているので，各隊の２番目・３番目射手の初発玉の発射間隔は移動と姿勢保持の時間といえる。最短間隔の８秒台が20発射中７回記録されているので，移動時間は順調なら８秒台は確実である。

・ここの８秒の数値を，先の27.4秒から差し引いた19秒台が打ち手の玉込め所要時間になるはずである。ところが，この時の打ち手（７弾目，第１隊の第１射手）のインターバルは6.1であるから，これが「前に出て＋構える」時間の全てである。つまり，ここでいう移動時間。

・このようなケースもかなり出てくる。予めの玉込めができない４弾目以降の発射間隔の中に，８秒を切る数値が19年度データで７箇所（3.4〜6.9），20年度データで５箇所（6.0〜7.5）ある。21年度にはない。この数値からは，移動時間が３秒台，４秒台も十分ありうることになるが，５秒以下のデータは19年の４箇所以外には出ていない。

② ・５秒以下の発射間隔の出現率は今回のデータでは３％。その個々の事情を考慮すると，想定２の場合の移動時間は順調なら６〜８秒とみて無理がない。

c　発射間隔から玉込め時間の推定は

① ・この方式の場合，個人の玉込め時間は

「（前２者の発射間隔＋自分の発射間隔）－（自分の移動時間）」

で計算されるが，「（前２者の発射間隔）＞（自分の玉込め時間）」の場合は玉込めを終えて待機時間が生ずる。これは，打ち手に一瞬のゆとりを与え意味ある時間でもあるが，この出現は連続的発射の意図からは時間のロスである。このロスの時間算定は困難で，発射間隔から正確な玉込め時間の推定は難しい。

・今回データでの個人最小間隔の27秒台（２回）の場合，移動時間の６〜８秒を差し引くと「自分の玉込め時間」が20秒程になる。この数値が玉込めのひとつの目安と読める。

② ・この方式の場合，玉込めは基本的に「前２者の発射間隔」の間に行われる。この途中に１回，位置を進める小移動というロスタイムが入る。

玉込めが中断される。

・玉込めに関わるロス時間としては，自分の発射のために「発射位置へ移動する」時間に加えて，移動後に玉込めに異常はないかの再確認と前方の目的確認の時間が入る。ここにも新たな気遣いと時間ロスが出る。

・慎重を要する玉込め操作の特徴である。

d　チームとしての発射間隔

　　一人の射手が20〜30秒間隔で打つのに対し，チームとしての間隔平均が14秒台前後ということは，個人と比して6〜16秒分効率がよくなっていることは確かである。この数値が，「鉄炮を以て散々ニ打立られ」に対応する数値かどうかを試算してみた。

・鉄炮演武の際の3人組隊の組間間隔を2mにして，30m幅で考える。打ち手間隔2mで30m幅であるから，射手は16人。これを3人一組で対応すると16組（48名）編成になる。この30m幅の相手を鉄炮で対応するとして，これでの発射間隔数値を基に1秒間あたりの発射数を試算すると

　　　　発射間隔8秒の場合 ・・・ 8秒で16発，1秒で2発

　　　　発射間隔14秒の場合 ・・・14秒で16発，1秒で1.1発

　　　　発射間隔16秒の場合 ・・・16秒で16発，1秒で1発

・この数値を「1秒で2発」と読むとかなりの迫力がある。「30m幅に対して」と見ると，「鉄炮を以て散々ニ打立られ」に相応する実質的な威力といえるかどうか？

　　　「1秒で1発」になると，30m幅に対しては「一斉に」とか，「一時に」という威力は更に落ちる。

・同じ16発ならば，「一時に16発」が発射されると，30m幅では相当の威力となり一時的ではあるが「散々ニ」の感じが出てくるように思われる。これが個別連続打ち記録からの一つの結論である。

第三章　決戦は"鉄炮を以て散々に"の戦い

写真 3-4 「平成 28 年・設楽原決戦場まつり」で行われた全国鉄炮隊演武の一場面

注1　『大須賀記』の引用は，『愛知県史』No.1156 による。

注2　「連吾川流域の当時の開田状況」(本書1章3)から，水田を前にした部分は相手の侵入・攻撃はない。従って，鉄炮配置は田と田の間に，重点的に行なえばよい。
　　　※泥田に入れば動きが取れないのがこの時期の水田。

注3　『設楽原紀要：15号』，『銃砲史研究：366号』(火縄銃連続打ちの検証②) 参照。

注4　この項は，『戦国ウォーク：コース⑪』を中心に，「個別の連続打ち」のまとめとしてデータを再整理したものである。

注5　・各鉄砲隊員は，『鉄砲隊の鉄砲』(愛知県古銃研究会) 記載の自分の火縄銃を使用。
　　　・火縄銃のサイズの違いは，その扱いやすさにそれぞれの違いがあり，発射動作への影響が実際には出ている。

注6　『長篠・設楽原合戦の真実』(名和弓雄，雄山閣 p.24) を参考にして，演武での分業手順を決めた。

注7　平成21年鉄砲隊演武記録，「分業隊」の6発目発射の瞬間写真とデータ

注8　平成20年鉄砲隊演武記録，「第4隊」の10発目発射の瞬間写真とデータ

201

ウ　想定の検証２：一斉の連続打ち

　検証のための火縄銃演武とその記録の取り方・整理形式については，前項「想定の検証１」と同じように進めた。

　「想定の検証１」は「個別の連続打ち」を「打ち手交代（移動）」の場合と「打ち手固定（分業）」の場合で記録をとったが，この「想定の検証２」は「一斉発射をできるだけ連続的に試みた」記録の検討である。

演武の想定　「一斉発射の連続」

配置	・組毎に，打ち手全員が横一列に並ぶ（標準は２ｍ間隔） ・組数は３（１組の人数は適宜だが，ここでは３人） ・地形の高低差等を利用して，そこでの発射可能な位置に配置
打ち方	・発射はすべて号令で，最初の組全員が同時発射。 　２発目は，号令で次の組（２組）の一斉発射。 　３発目は，号令で次の組（３組）の一斉発射 　４発目は，号令で次の組（１組）の一斉発射 　…以下，この繰り返し

　＜配置の工夫＞　私たちが記録をとっている馬防柵（設楽原古戦場）の前後での打ち手の配置は，まつり行事の中という制約もあって，「高低差の組」と「立ち位置の違いによる組」との組み合わせで安全確保をとりながら演武を行った。

データ４　**想定４の発射間隔（平28）**

　ここは，３人一組の３隊が一人３発ずつで，第１隊（３人）の一斉発射に続いて，第２隊（３人）の一斉発射，つづいて第３隊…と，それぞれの位置で順次に一斉発射を連続的に行なった記録である。

- ・順次の発射であるが全て号令の一斉発射であるから，号令の指揮者はごく短時間に「隊として発射可能かどうか？」の判断を迫られている。
- ・ここの場合，３隊とも最初の玉は予めの指示で玉込めをしており，途中で玉込め操作が入るのは４発目からである。

第三章　決戦は"鉄炮を以て散々に"の戦い

写真3-5　一斉発射の配置と演武

写真は、第1隊が4発目（隊としては2発目）を発射した直後である。
・第1隊は柵の前方低地
・第2隊は柵の手前
・第3隊は柵後の中間位置に一人が見える

・上の写真の場合、柵前低地の硝煙の所が第1隊で、発射時間「40秒」が表示されている。柵手前の第2隊は、玉込めをほぼ終える頃のように見える。後方・中間位置の第3隊は一人しか見えないが、こちらもある程度準備が進んでいる段階のように読める。
・この時計表示からも分かるように、3発目までの発射間隔「0－8－8」に対して「24（表示40）」は数値が跳ね上がっている。これが各隊の玉込め所要時間の中心である。第1隊の3人は、自隊発射後の「8＋8」で準備に入り、ここの「24」を加えて玉込めに至っている。つまり、3人全員が完了するには最初の40秒と同時間を要していることになる。

① 　一斉発射の時間経過グラフ

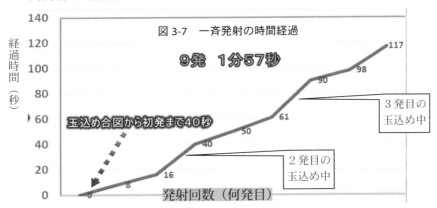

・折れ線の傾きが2回急上昇して、ここは発射間隔が24と29と急に大きくなるが、前後の3隊の間隔は8～10と安定して短い。これは「早くて13

203

～14（秒）の打ち手移動の場合」に比べ有意な差を感じる。
・グラフの示す時間経過傾向をデータ３と比べる。データ３の直線状の時間経過は，「玉込めが一段落」したときの安定期（一斉グラフの１～３，４～６にあたるもの）がないことを示している。詳細分析は省くが，これは「打ち手移動」のもたらす操作のゆれが原因と思われる。「散々ニ」の状況はこの安定期の確保とその時間短縮の中で得られると考える。

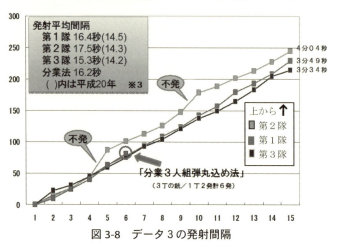

図3-8　データ３の発射間隔

② インターバルに現れた打ち方安定期

発射弾数	一斉発射	データ１	データ２	データ３	分業隊
1	—	—	—	—	—
2	8.0	11.9	8.3	15.3	9.9
3	8.0	9.4	8.4	11.1	14.4
4	24.0	11.0	23.6	18.4	15.6
5	10.0	11.2	7.0	18.7	22.2
6	11.0	14.0	12.2	13.3	19.1
7	29.0	27.7	20.3	17.0	
8	8.0	10.7	9.7	14.7	
9	19.0	20.8	12.7	15.0	
間隔平均	14.6	14.6	12.8	15.3	16.2
全平均		14.7	14.2	16.4	

左表の各データの原資料
・一斉発射は28年の資料
・データ１は19年の第２隊資料
・データ２は20年の第３隊資料
・データ３は21年の第１隊資料
・分業隊は21年の資料

図3-9　発射間隔（インターバル）の比較表

第三章　決戦は“鉄炮を以て散々に”の戦い

・今回の一斉発射では，玉込めの時間や発射の前後に「打ち手の移動」などのロスがない分，玉込め準備が完了して発射までのわずかな間隔が表やグラフでは動作の安定期として現れる。グラフではゆるやかな勾配として，表ではインターバルの小さな数値の連続として現れる。

・最初の安定期では，予め玉込めを済ませている１～３発目までのインターバル数値は８～10秒台である。発射は相手との関係であって間隔の大小はもともと関係しないが，「散々ニ」という状況からは小さな間隔であるほど「連続的」である。

・４弾目のインターバルは「24」と急に大きくなるが，ここはこの項の始めに記したように，次の（安定期のための）玉込めの時間である。ここが不十分だと次の安定期は落ち着かず，不揃いになる。

・そして，４弾目の発射から６弾目にかけて次の発射安定期に入る。その意味で最初の１弾目，次の４弾目の発射合図は，それぞれ小さな「散々ニ」の開始号令とみることができる。

③　一斉発射の弱点が補われている背景

　図3-9の発射間隔表の，データ１～３の数値は何れも個人（打ち手交代）の記録である。対する同欄の一斉発射の数値は３人の揃ったときの数値である。

・９弾目までの経過時間・間隔平均で，一斉発射は５群中の中位である。この一斉発射の数値は何れも「３人の揃った瞬間」，言い換えれば「３人中の最大値」である。つまり，一斉発射の時間間隔は組内の最大値の連続である。それが中位を保つ事情としては，「打ち方以外の余分な動作（移動など）がなく，操作に専念できる」ことがまず考えられる

・これは，①が指摘する「玉込め操作のゆれ」に通じており，「ゆれ」というロスのない分が補いになっていると読める。

④　一斉発射の威力

　打ち手移動の場合同様，射手間隔を２ｍにして，30ｍ幅の衝突で考えると，間隔２ｍであるから射手は16人，これを高低差等を利用して３隊配置でき

205

たとする。この場合の単位時間あたりの発射数を試算する。

　図3-9資料から，最初の発射安定期の間隔は８秒であるから

　　□発射間隔８秒の場合……８秒間の最初に16発，８秒後に再び16発，更
　　　　　　　　　　　　　　に８秒後に16発。１秒当たりで考えると平均
　　　　　　　　　　　　　　２発になるが，一斉発射であるから平均は考
　　　　　　　　　　　　　　慮の対象外である。

　この30m幅に「16発の８秒毎」（略称ａ）が，今回の一斉打ちの代表値
である。

　　・打ち手移動の場合も最速の隊では８秒程であるが，一斉の状態にはなら
　　　ないので，平均的にみた「１秒毎に２発」（略称ｂ）が代表値である。
　　・これまでの記録で最も能率のよいこの両者「１秒毎に２発」・「16発の
　　　８秒毎」のどちらが，より「散々ニ」に近い状況といえるかどうか。
　　　　　ａ…一斉16発の発射とその轟音はその一時であるが，相手に与える瞬
　　　　　　　間の打撃は大きい。その時点での「散々」がある。
　　　　　ｂ…1秒に2発の発射音の連続は隙間なく相手を威圧し，絶え間なく打
　　　　　　　撃を与えるが，「散々ニ」の感じには至らない。

　今回のデータからは，部分的な「一斉の威力」が「散々ニ」のひとつのポ
イントと感じる。だが，一時の威力に「連続的」な一面が加わらなければ，
「散々ニ」というのには弱い。

　※１　ここに，「一時の迫力・威力」ある手立て
　　　　と「連続」を可能にする手立ての連携として，
　　　　両者の併用形態が考えられる。

　※２　「一時の迫力」も「連続性」も，多数の火
　　　　縄銃が前提である。今回の検証では，「30m幅
　　　　を２m間隔で」としたが，これを「１m間隔」と
　　　　して考えれば，数値は大きく変わる。

写真 3-6　長篠設楽原鉄砲隊
と愛知県古銃研究会の混成隊

二つの検証から〝鉄炮を以て散々に″を考える

1　今回の記録で，私たちは最も単純で最も基本的な「多数の打ち手が，その位置で，個々に連続的に発射する」形を取り上げなかった。23～24年にかけて演武を行ない記録を起こしたが，２ｍ間隔で最大10人程度であったので，数秒に１発という数字は「散々ニ」には程遠いと感じたからである。

　　※ここで，間隔を狭くしたらということがあるが，打ち手間の間隔は「どの位なら？」という新たな問題が起こる。ここは，できるだけ単純な形で記録を取った。

2　今回のデータで，「散々ニ」のイメージに一番近かったのは「一斉の連続」の特定部分（発射安定期）である。この場合は，すべて発射指示があるので相手への対応という点でも実際的と考える。

3　打ち手移動による個の連続の確保は，移動によるロス・不安定さは避けがたいが，一斉に対し時間面での期待がある。

　　・「打ち手の移動による交代」を，移動を外して（移動しないで）単に「打ち手の交代」による打ち方想定がある。

4　どの形をとるにせよ，「個の連続」は「一斉の不連続」を補う具体的な手立てである。「散々ニ」の中味の一部として重要と考える。

ここでの「想定の検証」からは"散々に"は，「一斉打ち」の迫力が前提であるように思われる。それを個の連続打ちがどう補うか，次の課題である。

写真 3-7 彦根鉄砲隊（2016.7）

コラム：古戦場の風景
鉄炮④

火縄銃の火縄

　銃（筒）に火薬と玉を詰めてその装薬に点火する方法が，火縄式だから「火縄銃」とも呼ばれる。手軽で確実に着火でき，衝撃も少ないので優れた方法ではあるが，火種の消滅の心配，火光や硝煙の匂い，雨天時の不便さは大きな欠点であった。だが，この難点が本格的に解決されるのは19世紀に入ってからである。

火縄式の仕組み

　火縄の先端の点火された「火」を，直接火薬に着火して撃発させる。火縄を使うために，銃の各部の名称も関連した名前が多い。先ず，火縄をつける火挟（ひばさみ），取り付けた火縄の先を打ち付ける火皿（口薬を盛っておく），その火皿のふたである火蓋（ひぶた），火皿を雨からまもる雨覆（あまおい），火縄通（ひなわとおし）・・・等である。

火縄

　火縄の材料は，木綿，竹や檜，杉の皮，槿（むくげ）の皮，麻などが使われた。（右は檜火縄）

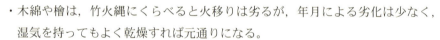

- 竹火縄（たけびなわ）は火移りが一番よいが，雨や夜露にあたると乾きが遅く，もとに戻らない。　※竹火縄：竹を叩きほぐして，ねじり合わせたもの
- 木綿や檜は，竹火縄にくらべると火移りは劣るが，年月による劣化は少なく，湿気を持ってもよく乾燥すれば元通りになる。

　砲術伝書では，立ち消えを防ぐために藍染にしたり（虫食い予防），雨火縄として硝石や鉄醤で煮たり，漆を塗ったりしたという。

　火縄の燃焼速度は天気や材質によって違うが，晴天なら一日で3尋（ひろ）位は燃える。

　　※尋：慣習的な長さの単位で，両手の間隔。
　　　今は，1尋＝6尺（1.8m）。

竹や木綿の火縄

- 輪火縄…ある程度の長さに巻いておく。
 　　　　（腕が楽に通るくらいに）
- 切火縄…目的に応じて2〜7寸位に
 　　　　切って使う。
 　　　　（大筒は片端を糸で縛る）

　　　　林　利一（愛知県古銃研究会）

終　章
三河の「鉛山(かなやま)」に家康文書

　戦国期，鉄炮用の鉛の多くは輸入されていたともいわれるが，設楽原出土の鉛玉の多くが鉛同位体比測定の結果日本産鉛と推定（平尾良光氏報告）されている。だが，日本のどこの鉱山なのかは今後の課題だという。

　1533年，石見銀山から始まる精錬技術「灰吹法」の導入とともに金銀を中心に鉱山開発が新たな時代を迎え，鉄炮の普及で鉛の需要が一段と高まる中，武田との本格抗争を予感する家康の鉛生産に関わる一文書を報告して，本書の終章とする。

1　「三方ヶ原」前年，家康の"鉛山"への着目

　安田修氏が「長篠の戦いで武田軍が備えた鉄砲の玉量と火薬量」（1997年『あい砲』9号）でふれられた鉛山（新城市睦平地区）についての文書である。

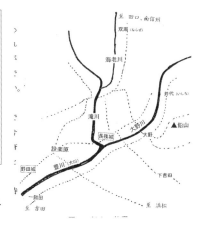

```
家康花押
　菅沼常陸介，同半五郎知行之境目二鉛
有之云々，然者諸役一切為不入令免許畢，
若亦於分国中，銀・鉛出来者大工職両人
二申付所也，仍如件
　元亀弐辛未年九月三日
　高野山仙昌院　小林三郎左衛門尉　殿
```

【出典】

- 『静岡県史資料』は，「伊豆田方郡子(こ)浦(うら)の清水文書」という。
- 『史料綜覧巻十』(1938)は，「小林三郎右衛門」と「右」で（左衛門ではない），両名に「鉱山ノ諸役ヲ免除ス」と記している。
- 本稿は『愛知県史：織豊1』の「家康判物　清水文書780」を使用。

【内容】　文書が述べているのは3点である。

①東三河北部の両菅沼知行地の境目付近で鉛が産出するということ

②「鉛山」への「一切の諸役の不入」を認める権利のこと

　　※1　「鉛有之」の地は，地元で鉛山と呼ばれる所のように思われる。

③新たに銀・鉛鉱山が見つかれば（銀・鉛出来者），「採掘の責任者」を両人に申し付けること

　　※2　「大工職」　鉱山技術者の長

2　知行地"境目"の確認

常陸介と半五郎はどちらも菅沼一族で関係は深いが，時期のずれがある。

①常陸介は井代（新城市大野の東）の領主，1606年，没。（『南設郡誌』）

　・田峰の菅沼定廣5男の定仙で，八右衛門，常陸守のこと。井代に住み，後大野（隣村）も支配する。元亀2年，武田から再び徳川に帰属し，家康の本文書発給のきっかけになったと思われる。

　　※父定廣は野田の菅沼定則の兄，平井に大谷城，井代に井代城を築いた。

②「半五郎」は，山吉田（北側は大野，南側は遠州の井伊谷）の領主。享禄3年の宇利城攻めの功で山吉田領を賜るという。

　・野田菅沼定則の4男半五郎定満のことで，山吉田を領す。1556年，雨山合戦で兄定村と共に討死，行年25。

③　従って，菅沼常陸介の知行地「井代」と同半五郎の知行地「山吉田」は，両者の接する山中が境であり，鉛山も境目付近になる。ただし，半五郎定満はこの時点では死後15年目である。

　・永禄11年（1568）の家康の遠州侵攻に先立って行われた井伊谷三人衆への説得で，野田菅沼系の知行地「山吉田」は井伊谷三人衆の鈴木氏らに渡っている。（『菅沼家譜』『野田伝記』）

3　鉛山関係の採掘記録

井代から南へ秋葉道を2km程で睦平橋へでる。ここから東海自然歩道に沿って30分位山道を上ると，現在も地元で「かなやま」と呼ぶ地域一帯にでる。つまり，「境目ニ鉛有之」の場所は地元の「鉛山」の可能性が高く，

終章　三河の「鉛山」に家康文書

明治12年（1879）まで鉛採掘の記録があるところである。

- 睦平（六郎貝津村）の「鉛山」461mは，大野村の飛び地で現在大野財産区有林である。南は下吉田，北は井代，西北は大野に接する位置で，上の半五郎・常陸介の支配地と一致する。鉱山の小字名は「金山マブ下」という。（『八名郡誌』）
- 鉛山跡に，鉱山の安全を願う山ノ神石祠（高66cm）があり，碑文に「大正五年九月建立，静岡市札之辻町　岡部安治郎」とある。（『鳳来町誌：金石文編』，横山良哲著『愛知県の中央構造線』）

【関連文書1】 阿寺山についての山吉田の訴状文書

精錬技術の進歩・普及と共に，金・銀への関心も大きく，鉛山に関する奉行所への申し立てがある。（鳳来古文書の会資料5『旧村山論関係文書　上』）

> 乍恐返答書を以申上候御事
> 　三州八名郡大野村鉛山の儀
> 　…何方ニ御運上山御座候て被差上げ候哉拙者共ハ不奉存候御事…
> 　山吉田村阿寺山の儀ハ五十八年以前午ノ年加賀の国より總右衛門と申金堀候者金山を尋罷越阿寺山を見付此処に金可有之と存候堀候て見申度由申候ニ付…御役所へ御断申上堀申候得共金出不申止申候其節より此処を「まぶのくぼ」と申伝候…阿寺山の儀ハ…一円合点不参候，大野村へ御奉書ニて御座候ハ大野山ニて可被成候此方の山ニてハ不罷成候と申まぶを埋……
> 　右の趣被為聞召分被為仰付被下候ハハ難有可奉存候　以上
> 　　　　元禄十二年卯九月
> 　　　　　三州八名郡山吉田村　　庄屋　兵左衛門　他五名　惣百姓中
> 　御奉行様

山吉田の阿寺山では何回も試掘をしたが金は出ない。大野村が『我ままニ御運上山と申立，山を奪取可申…御当地様へ御訴仕候様ニ奉存候』であるが，阿寺山は自分たちのものだとの申し出。

【関連文書2】 大野・山吉田の山論裁定書

上の山吉田村と大野村の争いに対する裁定と思われる。

211

「大野村が鉛運上金を納めていた」ということで，元禄13年9月26日付の裁定は大野村の勝訴になっている。運上金は，寛永13年の代官鳥山牛助の時から金1分を村講で明治6年まで納めている。（『八名郡誌』）

- 鉛山での採鉱について，『八名郡誌』は「最初を詳にせぬが，寛永13年（以降）・・・明治6年まで「村請」で行っていたという。その利益が争いの背景にあった。

4　宛名の「高野山仙昌院　小林三郎左衛門尉」

文書に「分国中」とあるので，常陸介・半五郎の知行地があり，家康の支配が進みつつある奥三河の人物となる。「両人二」であるから，鉱山師が2人である。

【小林三郎左衛門尉について】

『鳳来町誌－長篠の戦い編』（1997）は，小林三郎左衛門を黒瀬谷の三長者の一人として取り上げ，地元の「持仏」伝説やその記録から，双瀬村の「鉄岳道鑑居士」のことだという。次は，町誌が引用した小林家系図である。

```
小林家系図
之貞　小林三郎左衛門ノ代ヨリ当所　小林ト云々
　　　慶長十一午歳八月十日死　　鉄岳道鑑居士寿六十八歳
```

※元亀2年当時，双瀬は武田の支配が及んでおり，家康からの書状が双瀬へ届けられたとは考えにくい。小林三郎左衛門が当時住していた他の地か，「高野山仙昌院」関係の地ということになる。

【高野山仙昌院について】

「仙昌院」の名前は，近隣（新城市内）183の寺院には出てこない。「高野」と呼ぶ地名が旧山吉田村にあるが，「仙昌院」に関わるものはない。

高野山系の聖で，その分野の技術を持つものと考えるが，今のところ手がかりがない。

5　長篠・設楽原につながる「鉛山」文書

睦平の鉛山周辺に家康が目をつけた頃，武田信玄は三河と信濃の国境に近い津具川の砂金に目をつけ金の採掘を開始している。津具金山は甲州武田の

終章　三河の「鉛山」に家康文書

軍資金につながり，睦平の鉛山は鉄炮の玉用として徳川に期待されていた。

※武田氏に津具の砂金情報を伝えたのが，後藤善心といわれる。その善心は永禄末期，名倉(なぐら)の奥平喜八郎の夜襲に敗れ，討死した。（1章：注3参照）

① 家康書状の「鉛山」の鉛？

鉄炮の戦いの設楽原古戦場で，これまでに出土した鉛玉15個（現存の）中12個が，鉛同位体比測定から日本産鉛を使用した玉と推定された。日本のどこの鉱山産なのかは，現時点では分からない。

家康文書の発給時，すでに「鉛有之」と記しているので古戦場出土の鉛玉の中に「鉛山」産の可能性がある。ただ，肝心な「鉛山」の鉛が分からない。

② 子浦文書の謎

奥三河宛文書が，なぜ「子浦」なのか？

・子浦は清水氏の本貫地。天正2年7月の北条氏朱印状（新井文書）で，子浦等に寄港する「武田の駿州船手形所持は『不可有異儀』」と命じている。（『静岡県史史料第1輯』）

・この駿州船の船手頭の岡部忠兵衛（土屋豊前守）は清水湊を本拠地とし，「船十二艘・同心五十騎」の武田氏の海賊衆である。水軍の将である岡部忠兵衛は，陸の戦いの設楽原で討死している。その末裔が子浦に程近い沼津に住む。

昭和になって津具金山を再開発した藤城豊氏の調査で，江戸期の16の坑口が見つかっている。地質面を調査した横山良哲氏は，鉛山では最初から鉛だけを目的にしたようだという。

　…争いが新たな鉱山の開発を促し，その鉱山が新たな争いの渦に巻き込まれてゆく。

鉛山鉱山「藤城豊図」
＊横山良哲著『愛知県の中央構造線』
（風媒社）より転載

213

あとがき

　"戦国時代の足跡探し"ということで，私たちが「鉄炮（火縄銃）の玉」に目を向けたのは丁度30年前の昭和の終わりでした。昭和63年8月12日，弾正山の東斜面で55名の東郷中学校生徒たちと「設楽原決戦のこぼれ玉拾い」をしました。真夏の太陽の下で，昔の地面とあまり変わっていないであろう場所を探しましたが，成果は徒労だけでした。

　小さな夢を期待して参加してくれた当時の中学生たちの願いはかないませんでしたが，時代が平成に入ると設楽原古戦場で14個の玉が見つかりました。大正期の1個，昭和期の2個と合わせて計「17」の数字が，あの日の中学生たちへの現在の報告です。

　それにしても，野戦の場での玉の発見は難しい。唯一，昭和時代に玉を採拾された本田寿儀さんの2回目の玉発見は，29年後でした。設楽原歴史資料館裏庭で出土した2個の熊谷玉の場合，ほとんど毎日同じ場所を探して2個目は4年後です。何らかの形で4世紀以上を遡った当時の地表の再現がなければ，出土には至りません。数は少ないが，出土した玉は改めて戦いの舞台を見直し，戦国の動きについて様々な情報を私たちに伝えています。

　今回も，静岡大学名誉教授小和田哲男先生に，内容と資料面で終始ご指導と励ましをいただきました。日本銃砲史学会理事長の宇田川武久先生には，鉄炮全般にわたって格別のご教授をいただきました。古戦場出土玉の鉛同位体比測定は，平成21年以来，帝京大学文化財研究所の平尾良光先生の全面的協力のおかげです。新城市の設楽原歴史資料館は私たちの活動の拠点であり，日頃の活動を含めてお世話になっています。このまとめにあたり，設楽原をまもる会はじめ多くの方々のお力添えに心から感謝申し上げます。

　出版に際しまして，黎明書房の伊藤大真氏に格別お世話になりました。ありがとうございました。

　　平成29年　ウマオイの鳴く日に

小林芳春

監修者紹介

小和田哲男

1944，静岡市生まれ。早稲田大学大学院文学研究科博士課程修了，文学博士。現在静岡大学名誉教授，武田氏研究会会長。主な著書に『後北条氏研究』『小和田哲男著作集（全7巻）』『秀吉の天下統一戦争』『戦国の城』『戦国の合戦』『名軍師ありて、名将あり』など。

宇田川武久

1943，東京都生まれ。国学院大学大学院博士課程修了，歴史学博士。国立歴史民俗博物館教授を経て，同名誉教授。日本銃砲史学会理事長。主な著書に『真説 鉄砲伝来』『瀬戸内水軍』『日本の海賊』『鉄砲と戦国合戦』『東アジア兵器交流史の研究』『江戸の砲術師たち』など。

編著者紹介

小林芳春

1933，新城市生まれ。愛知学芸大学卒業。現在，設楽原をまもる会，新城市郷土研究会，日本銃砲史学会等の会員。元新城市教育長。編著書に『徹底検証 長篠・設楽原の戦い』『戦国ウォーク 長篠・設楽原の戦い』『現場からの教育改革21の提言』『設楽原戦場考』（共）など。

特別執筆者
平尾良光 （帝京大学 文化財研究所客員教授）

同協力者
渡邊緩子 （日鉄住金テクノロジー解析技術部 分析技術室）

「長篠・設楽原の戦い」鉄炮玉の謎を解く

2017年10月15日 初版発行	監修者	小和田哲男
		宇田川武久
	編著者	小林芳春
	発行者	武馬久仁裕
	印　刷	藤原印刷株式会社
	製　本	協栄製本工業株式会社

発　行　所　　　　　　　株式会社　黎明書房

〒460-0002　名古屋市中区丸の内3-6-27　EBSビル
☎ 052-962-3045　FAX 052-951-9065　振替・00880-1-59001
〒101-0047　東京連絡所・千代田区内神田1-4-9　松苗ビル4階
☎ 03-3268-3470

落丁本・乱丁本はお取替えします。　　　　　ISBN978-4-654-07657-4
© Y. Kobayashi 2017, Printed in Japan

戦国ウォーク
長篠・設楽原の戦い

小和田哲男 監修　小林芳春・設楽原をまもる会 編著
四六判・255頁（カラー口絵4頁）　本体2500円＋税

鉄炮の戦いと名高い「長篠・設楽原の戦い」にまつわる数々の謎を，愛知県新城市の「設楽原をまもる会」が地の利を活かした調査によって徹底検証。

長篠・設楽原の戦いで起きた様々なドラマを地元文献等から詳細に読み取る。

織田軍・徳川軍，武田軍の陣地など，合戦の地をめぐる16のウォーキングコースも収録。

目次より

第一章　長篠から設楽原へ
　　二つの古戦場
　　古戦場の謎
第二章　決戦の舞台を歩く
　　長篠城の攻防
　　織田・徳川軍，設楽原へ
　　武田軍，設楽原へ
　　決戦の跡を追う
　　鉄炮の戦いを追う
第三章　決戦の陰の道を歩く
終　章　連吾川の選択
　　　他にもコラム等多数収録

■ホームページでは，新刊案内など，小社刊行物の詳細な情報を提供しております。「総合目録」もダウンロードできます。 http://www.reimei-shobo.com/